壮、将

# 丬

丬部：首点的收笔和提的起笔笔势呼应。竖挺直，为垂露竖。

## 壮

## 将

壮*
丶 冫 丬 丬一 壮 壮

将*
丶 冫 丬 丬' 丬夕 丬夕 丬夕一 将 将

*视频中皆为传统书法笔顺。

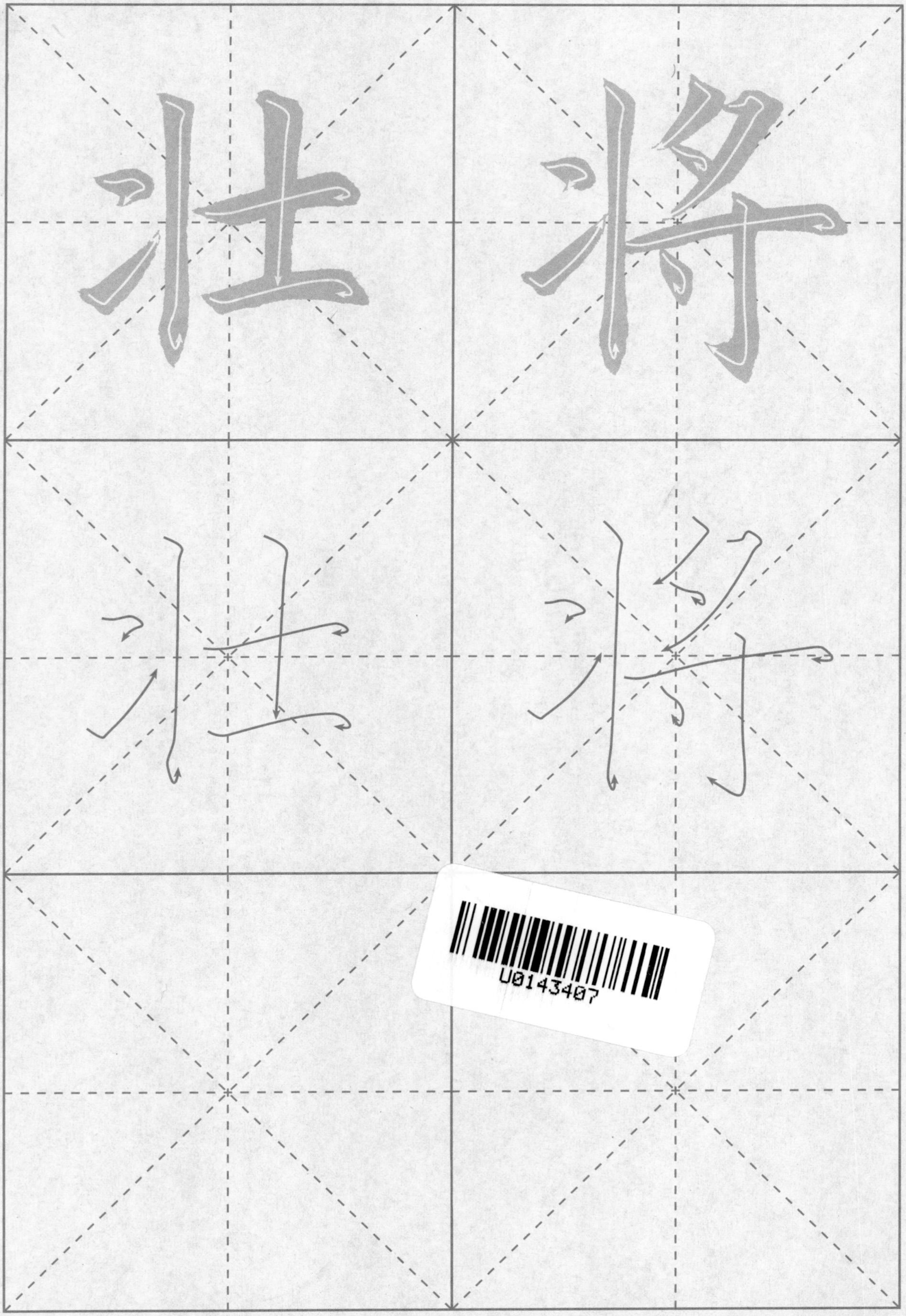


评价：

评语：

红、级

纟

纟部（在左）：两个撇折的倾斜角度不同，第二个撇折稍向右收。提的起笔位置与第一个撇折转折位置应上下对齐。

红

级

红：ㄥ 幺 纟 纟一 纟丁 红

级：ㄥ 幺 纟 纟ㄋ 纟乃 级

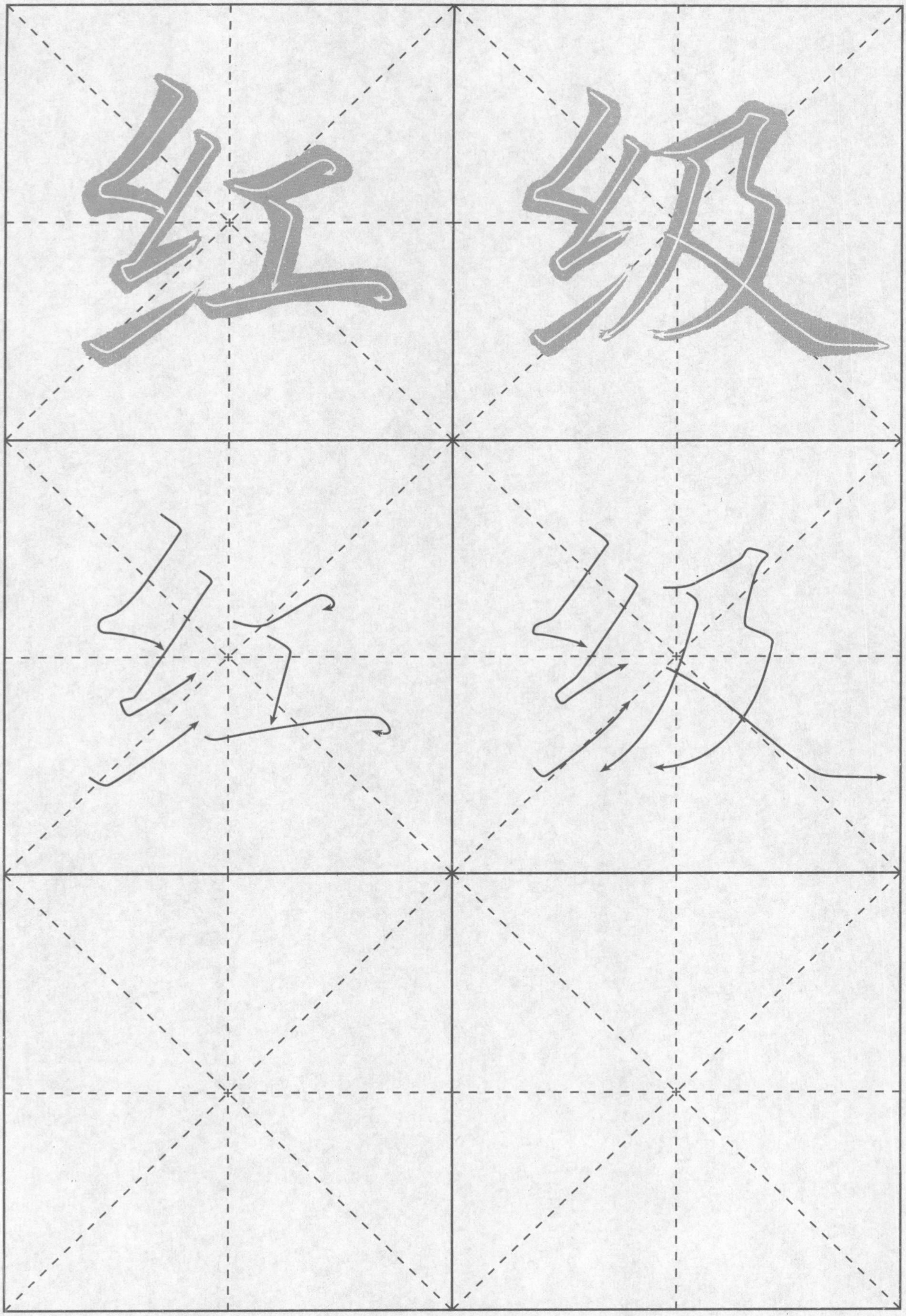


评价：

评语：

环、珠

王

王部（在左）：其形宜窄，三个横向笔画间距大致相等。

环

珠

环 珠

环 珠

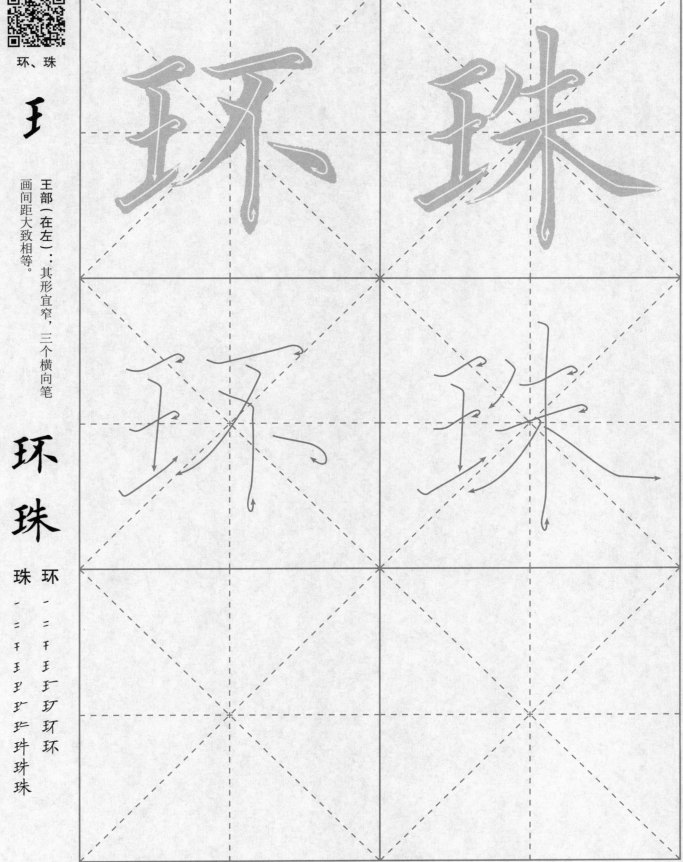

朴、材

# 木

木部（在左）：横短竖长。竖靠右，劲直有力。撇勿长，点稍靠下。

## 朴

## 材

朴 一 十 才 木 札 朴

材 一 十 才 木 木一 村 材

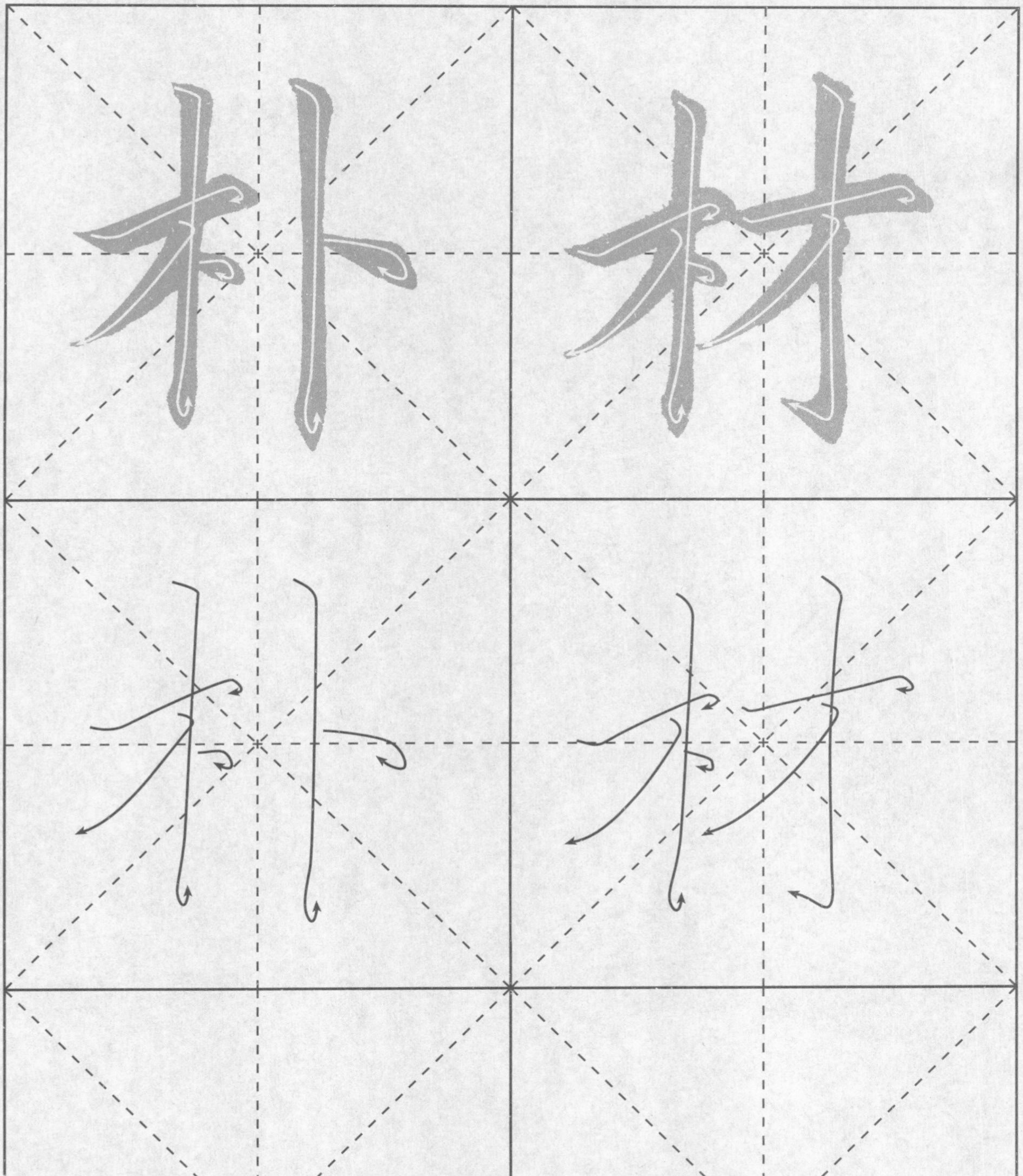

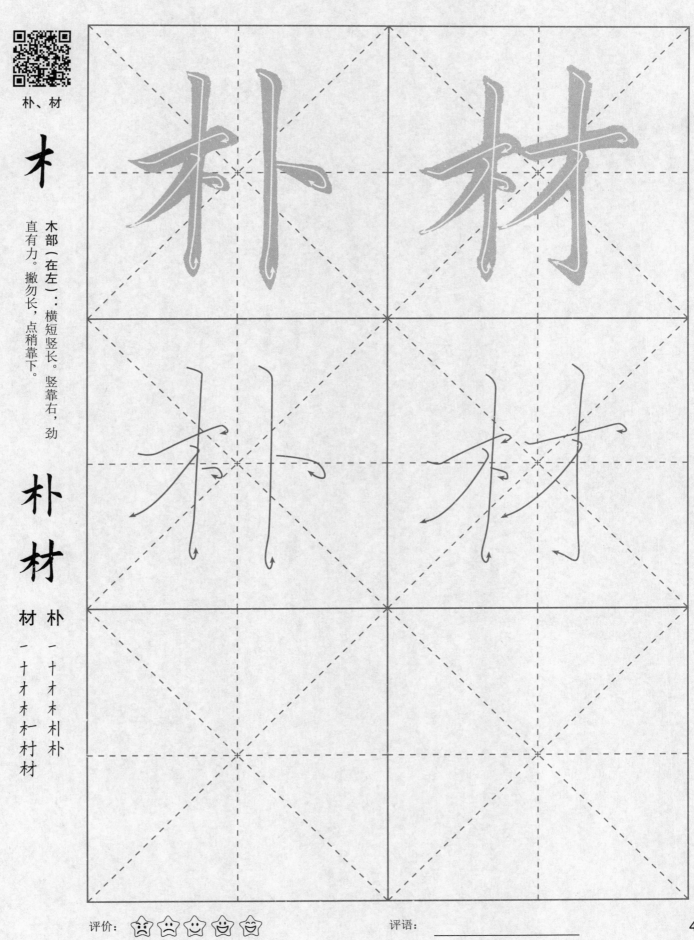

软、较

# 车

车部（在左）：其形宜窄，两横均向右上斜，竖劲直。最后写提。提的起笔位置稍靠左下。

## 软

## 较

软 一 𠃊 车 车 车' 车𠂊 软 软

较 一 𠃊 车 车 车' 车亠 车六 较 较

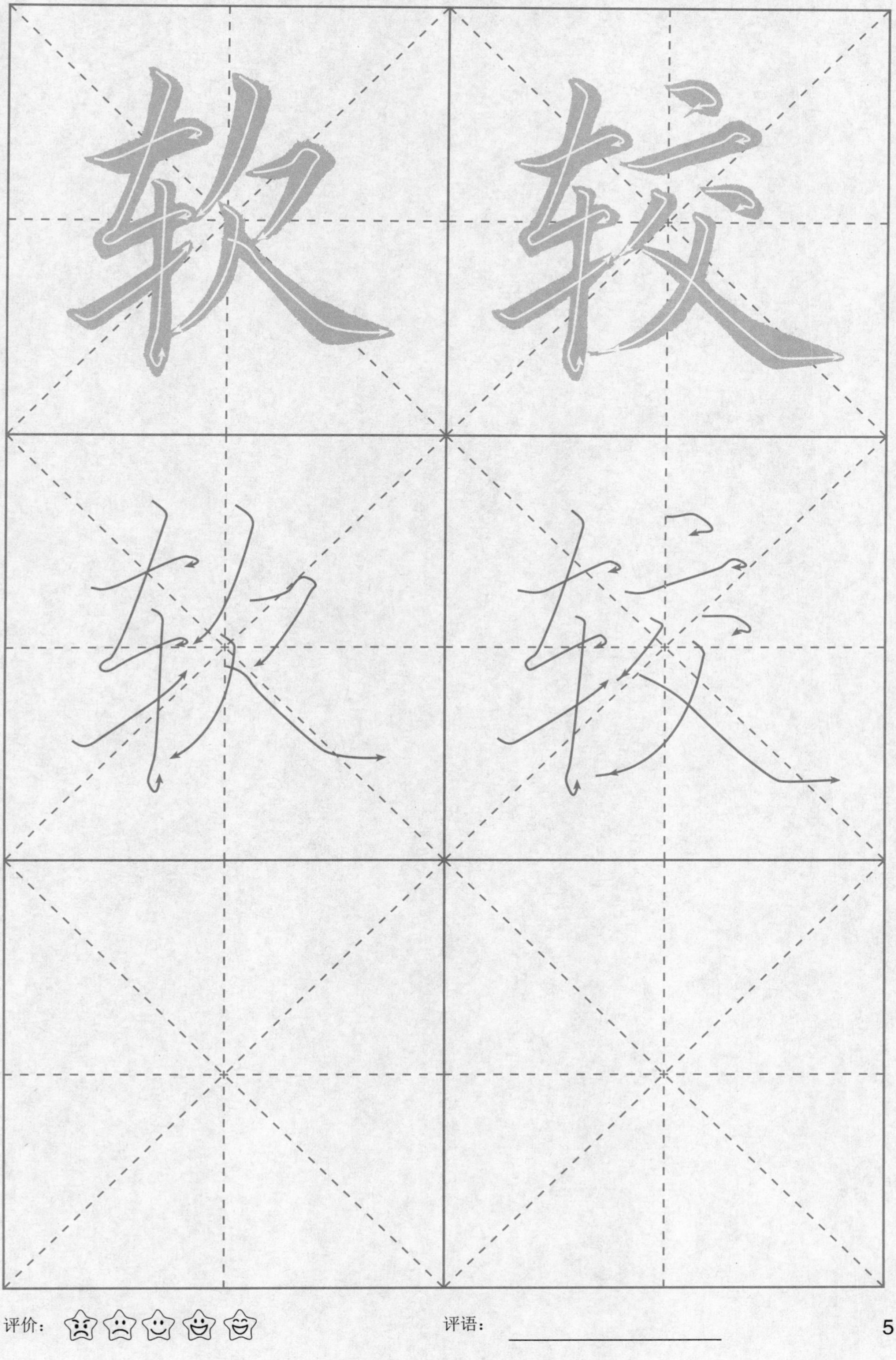


评价：

评语：

时、昨

# 日

日部（在左）：其形宜窄，位置稍靠上。两竖端正，三横平行、等距。

## 时

## 昨

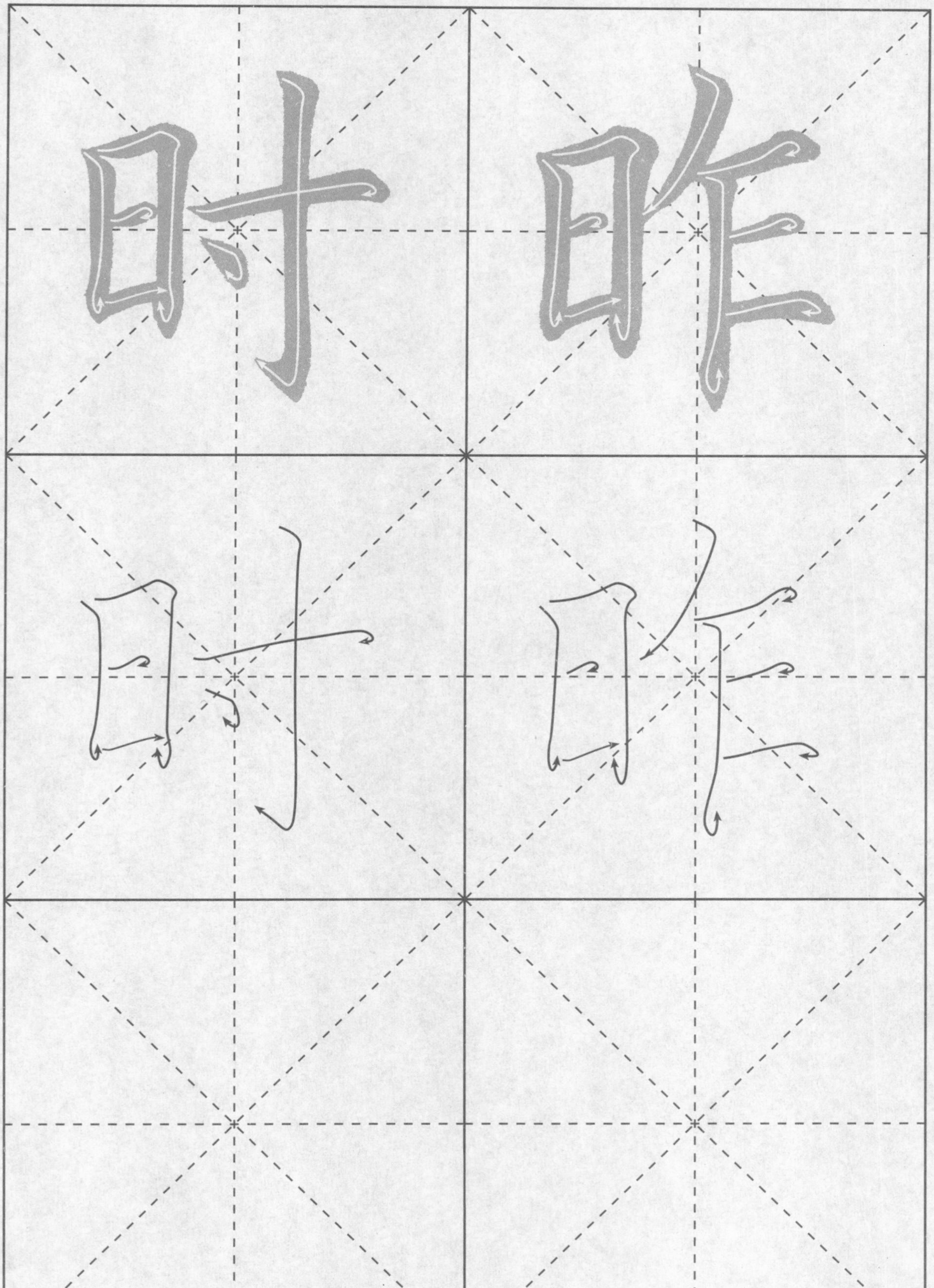


评价：

评语：

财、账

# 贝

贝部（在左）：框形宜窄。撇先直后弯，前部平分框内空间。点宜稍高一些。

财

账

财：丨 冂 贝 贝 贝一 财 财

账：丨 冂 贝 贝 贝' 贝⺊ 贝⺊ 账

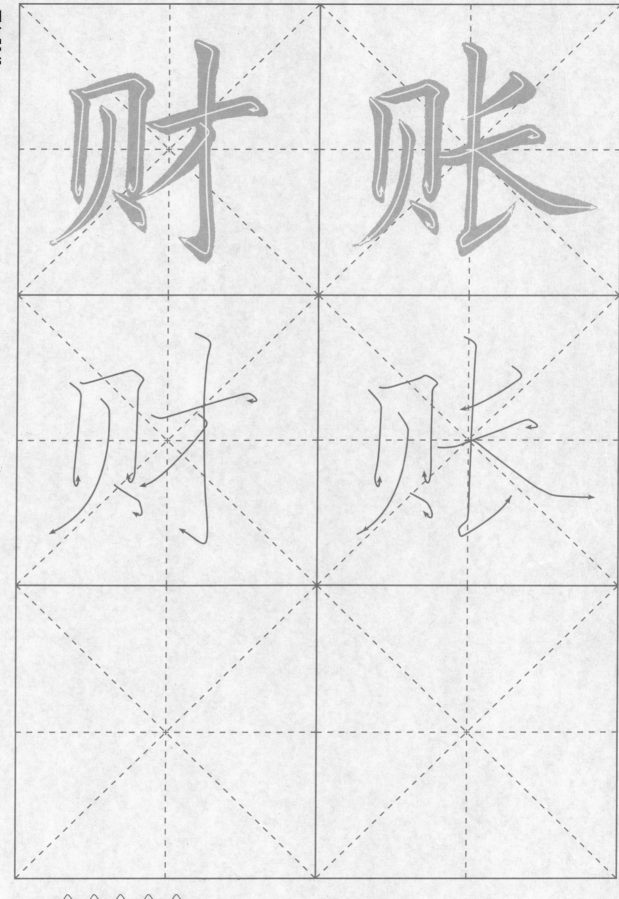

财 账

财 账

物、特

牛

牛部（在左）：左放右收，最后写提。前两画宜短，竖挺拔有力，提的起笔位置稍靠左。

物

特

物 ノ 𠂉 牛 牛 牜 牞 物 物

特 ノ 𠂉 牛 牛 牜 牪 特 特 特 特

物 特

物 特

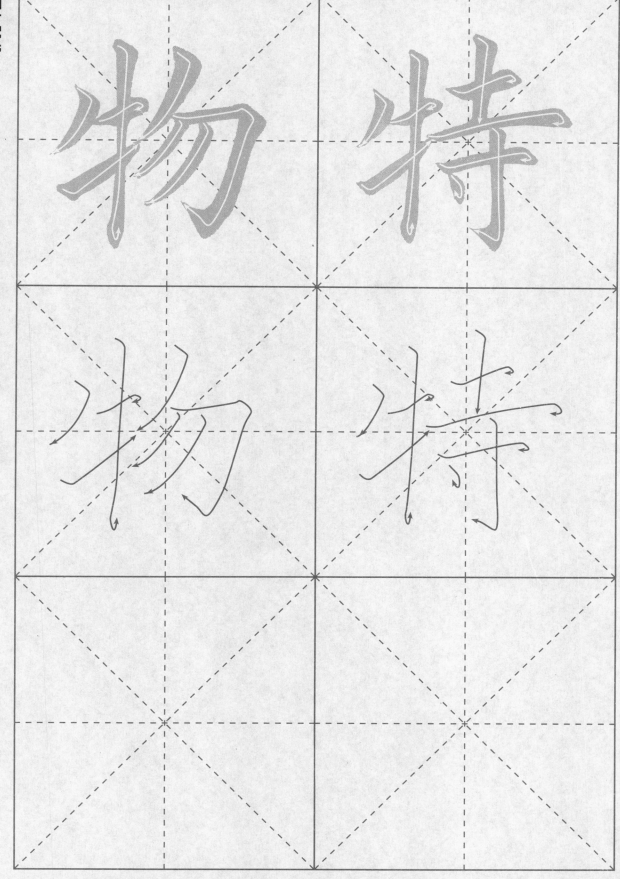

肌、服

# 月

月部（在左）：撇为竖撇。框形宜窄，内部两横稍靠上，三横平行、等距。

## 肌

## 服

肌：丿 ⺆ 月 月 肌 肌

服：丿 ⺆ 月 月 肌 服 服 服

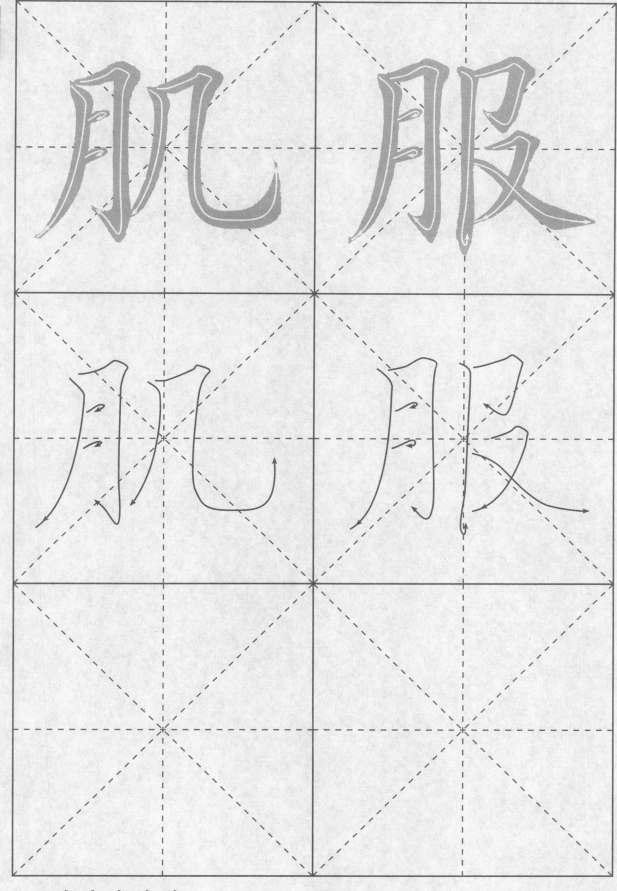

肌 服

肌 服

评价：

评语：

旅、旗

# 方

方部（在左）：左放右收。点稍靠右，横向右上斜，横折钩宜窄。最后写撇，撇勿过长。

旅

旗

旅 旗

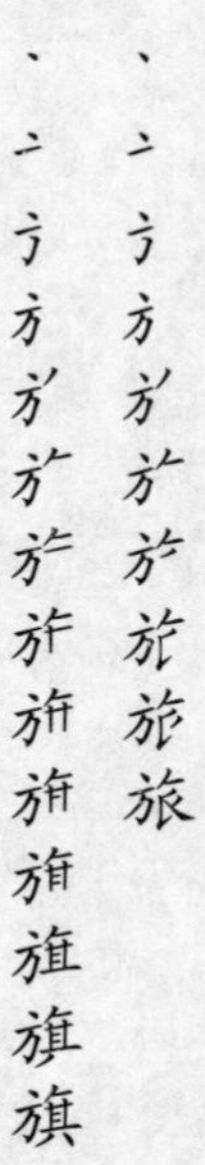

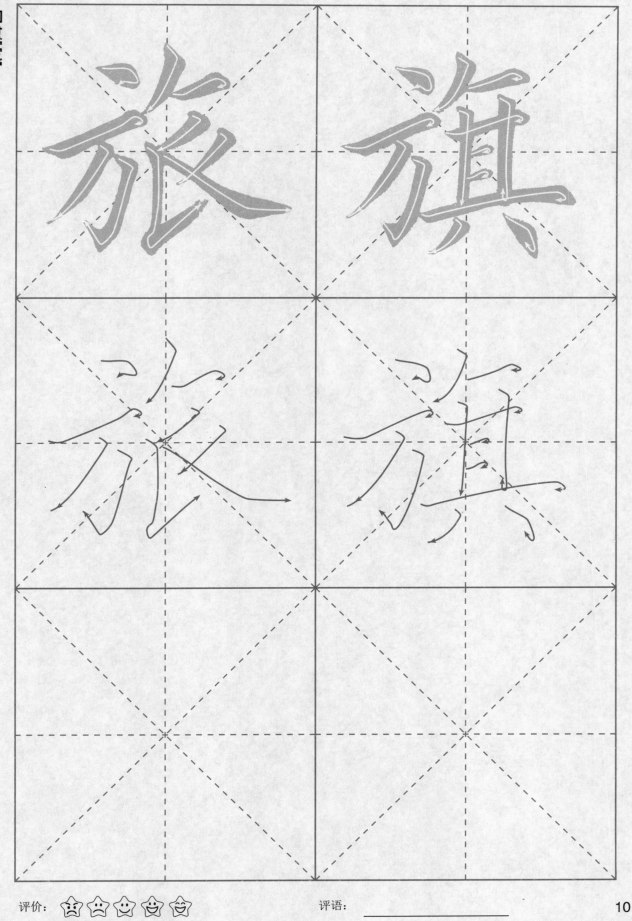

旅 旗

旅 旗

评价：

评语：

灯、烧

# 火

火部（在左）：首点低，短撇高，竖撇先直后弯，末点靠上。

## 灯

## 烧

灯 丶 丷 火 火 火一 灯

烧 丶 丷 火 火 火七 火戈 火戋 火垚 烧

灯 烧

灯 烧

评价：

评语：

礼、社

# 礻

礻部：点稍靠右，横向右上斜，撇的末端不超过横的起笔位置，竖劲直，点勿大。

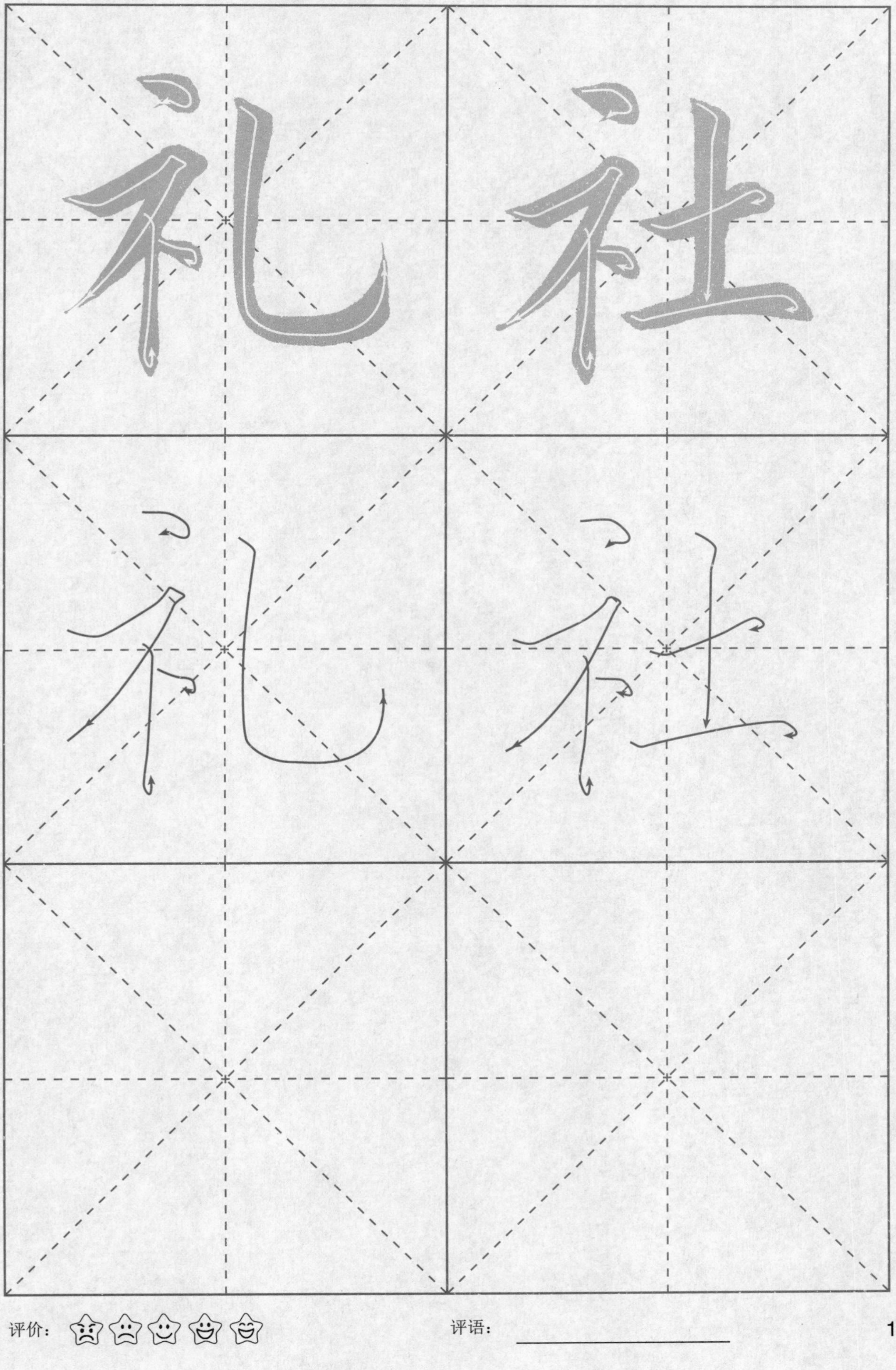

礼 社

礼、ラネ礻礼

社、ラネ礻𥘅社社

评价：　　　　　　　　评语：

盼、眼

# 目

目部（在左）：其形宜窄。两竖端正，四横平行且间距大致相等。

## 盼

## 眼

盼

眼

盼 眼

盼 眼

评价：

评语：

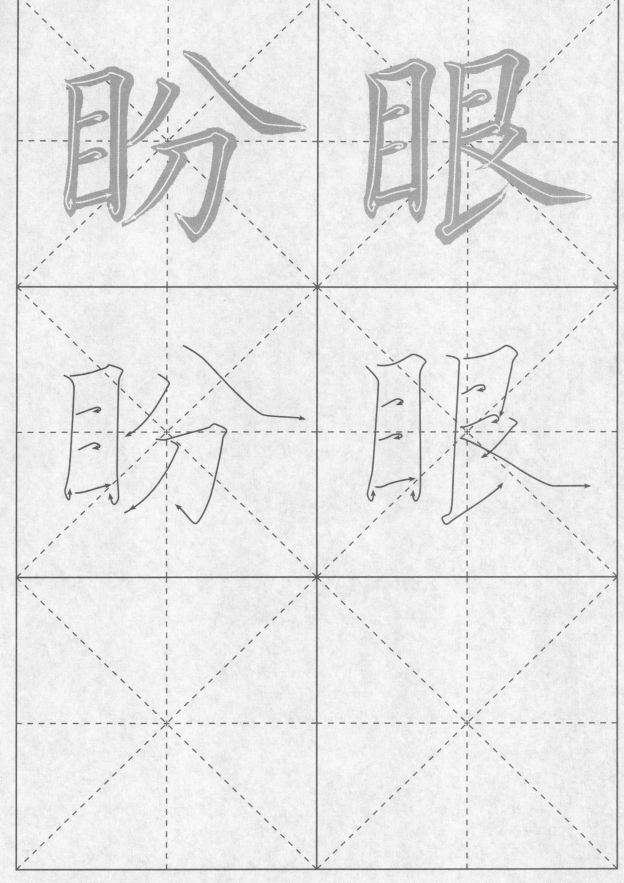

钢、铁

钅

钅部：撇勿过长，三横平行、等距，竖提稍斜。

钢

铁

钢 铁

钢　钢

铁　铁

评价：

评语：

知、短

# 矢

矢部：首撇短。两横平行，一短一长，右对齐。撇先直后弯。点靠上。

## 知

## 短

知

短

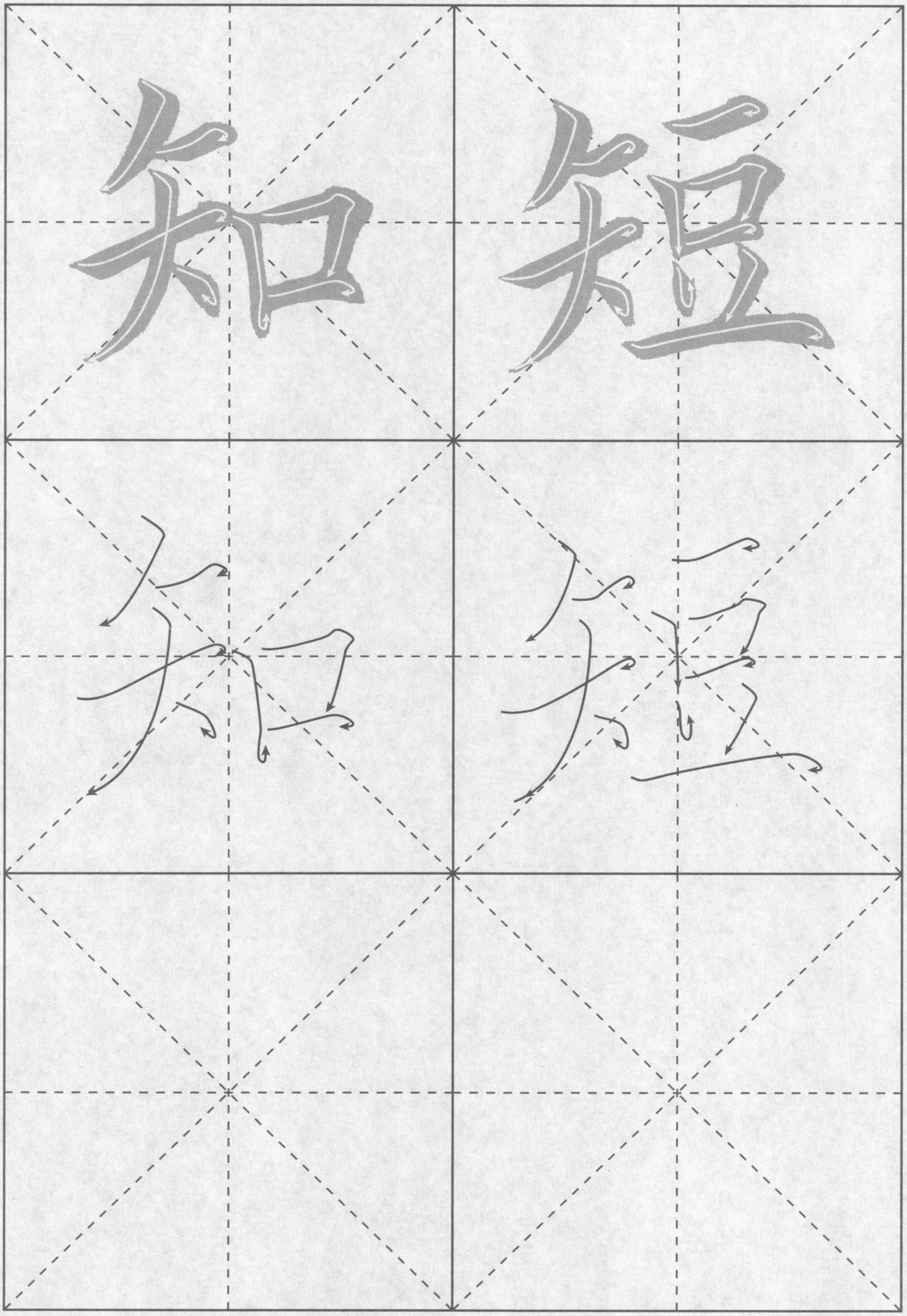

评价：

评语：

种、秋

# 禾

禾部（在左）：左放右收。首撇稍平，横左长右短，竖劲直，下撇末不超过横的起笔位置，点勿大。

## 种

## 秋

种 ㇒ 二 千 禾 禾 和 和 和 种

秋 ㇒ 二 千 禾 禾 禾 和 秒 秋

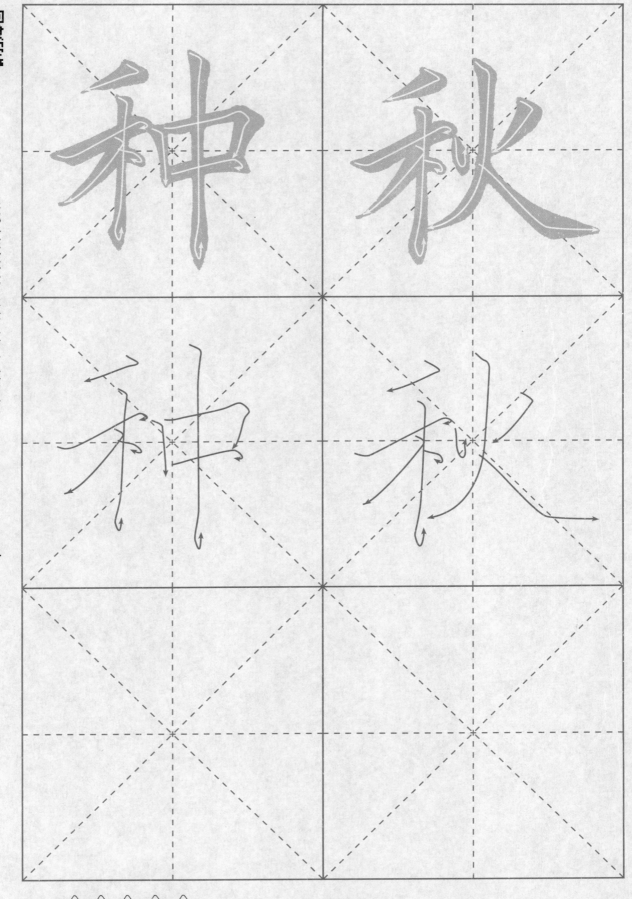

种 秋

种 秋

评价：

评语：

站、端

# 立

立部：点稍靠右，横向右上斜，中部点低撇高，提较横的起笔位置更靠左。

## 站

## 端

站 丶 亠 亣 立 … 站

端 丶 亠 亣 立 … 端

站 端

评价：

评语：

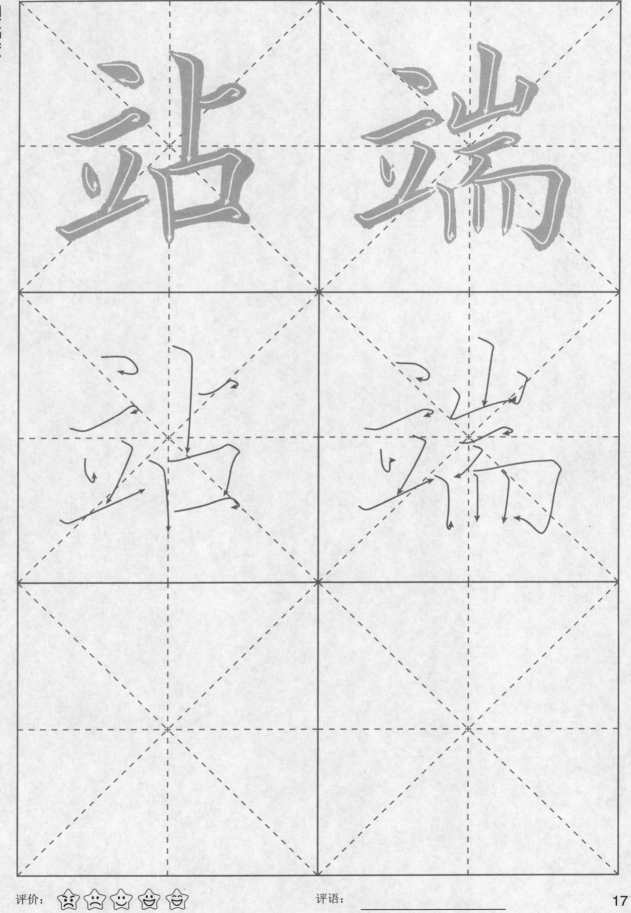

的、皓

# 白

白部（在左）：其形宜窄。三横平行、等距。

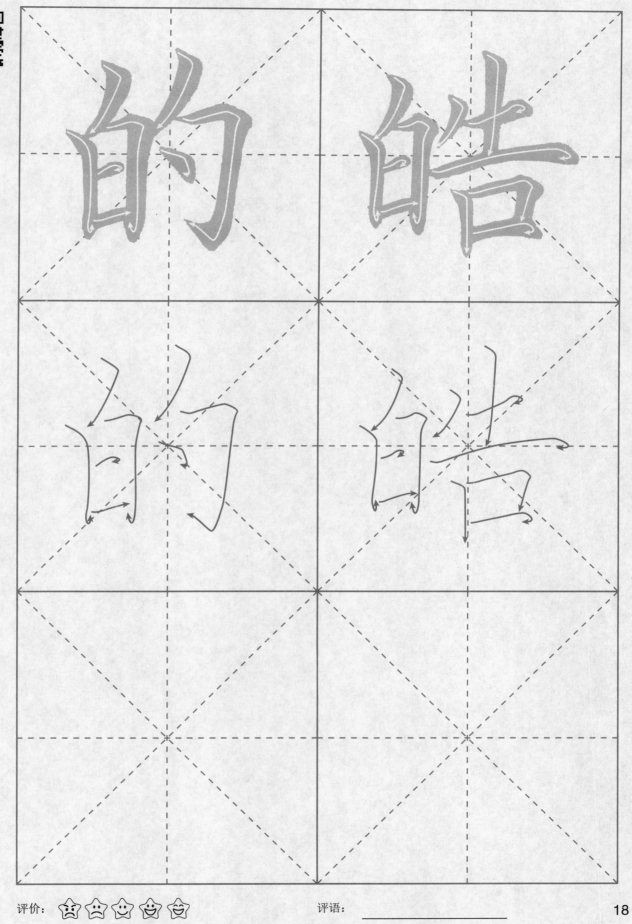

| | |
|---|---|
| 的 | 皓 |
| 的 | 皓 |

## 的

## 皓

的：′ 亻 白 白 白 的 的 的

皓：′ 亻 白 白 白 的 的 的 皓 皓 皓 皓

评价：☆☆☆☆☆　　评语：________

印、却

卩

卩部：横折钩勿大。竖劲直向下，为垂露竖。

印

却

印* 丿 𠂆 𠂎 𠂎𠃌 印

却 一 十 土 𡈼 去 去𠃌 却

*视频中为传统书法笔顺。

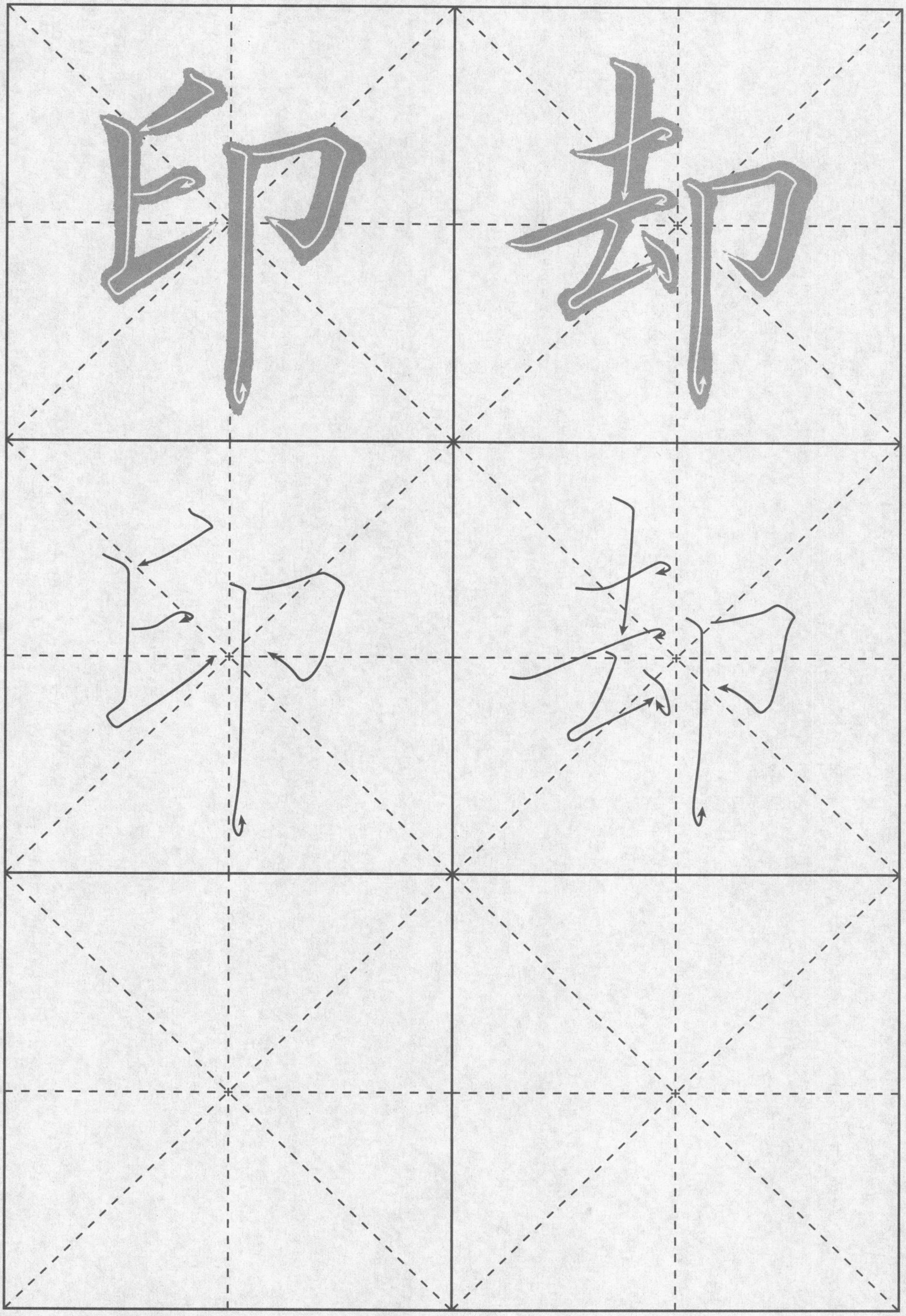

评价：

评语：

故、敌

攵

攵部：首撇高起，短横稍向右上斜，两撇上下对正，捺舒展。

故

敌

| 故 | 敌 |
|---|---|
| 一 十 十 古 古 古 古 故 故 | ノ 二 千 千 舌 舌 舌 舌 敌 敌 |

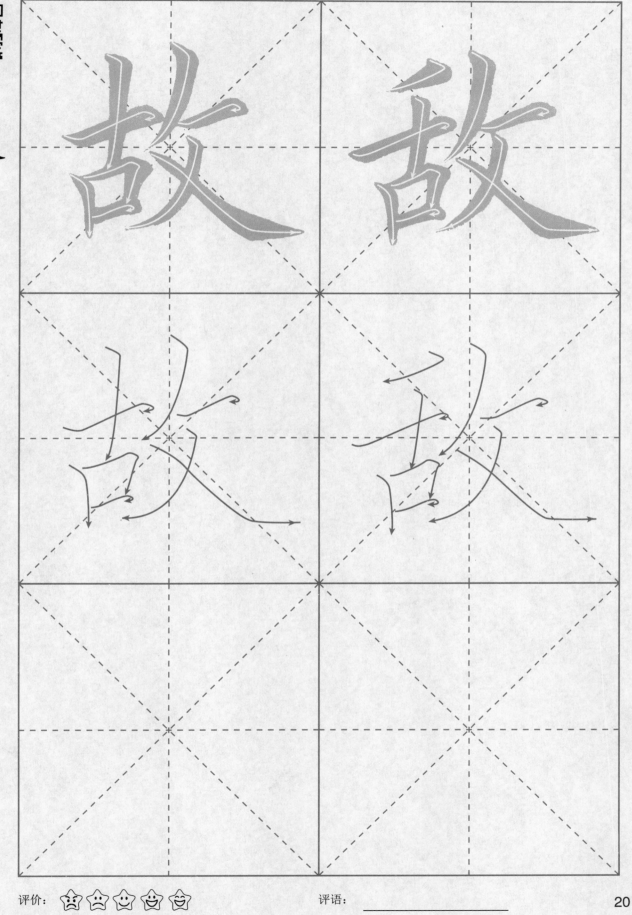

故 敌

故 敌

评价：

评语：______

断、新

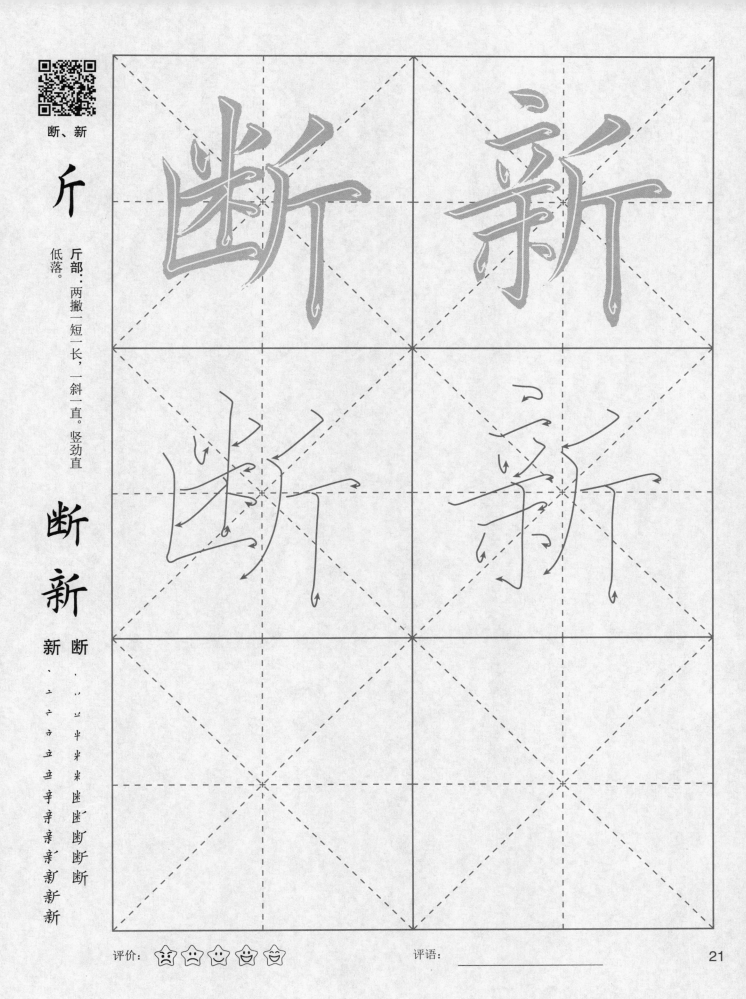

# 斤

斤部：两撇一短一长，一斜一直。竖劲直低落。

## 断

## 新

断 新

断 新

评价：

评语：

欣、欧

# 欠

欠部：首撇高起，短横稍向右上斜，两撇近似平行，捺画舒展。

欣

欧

欣 欧

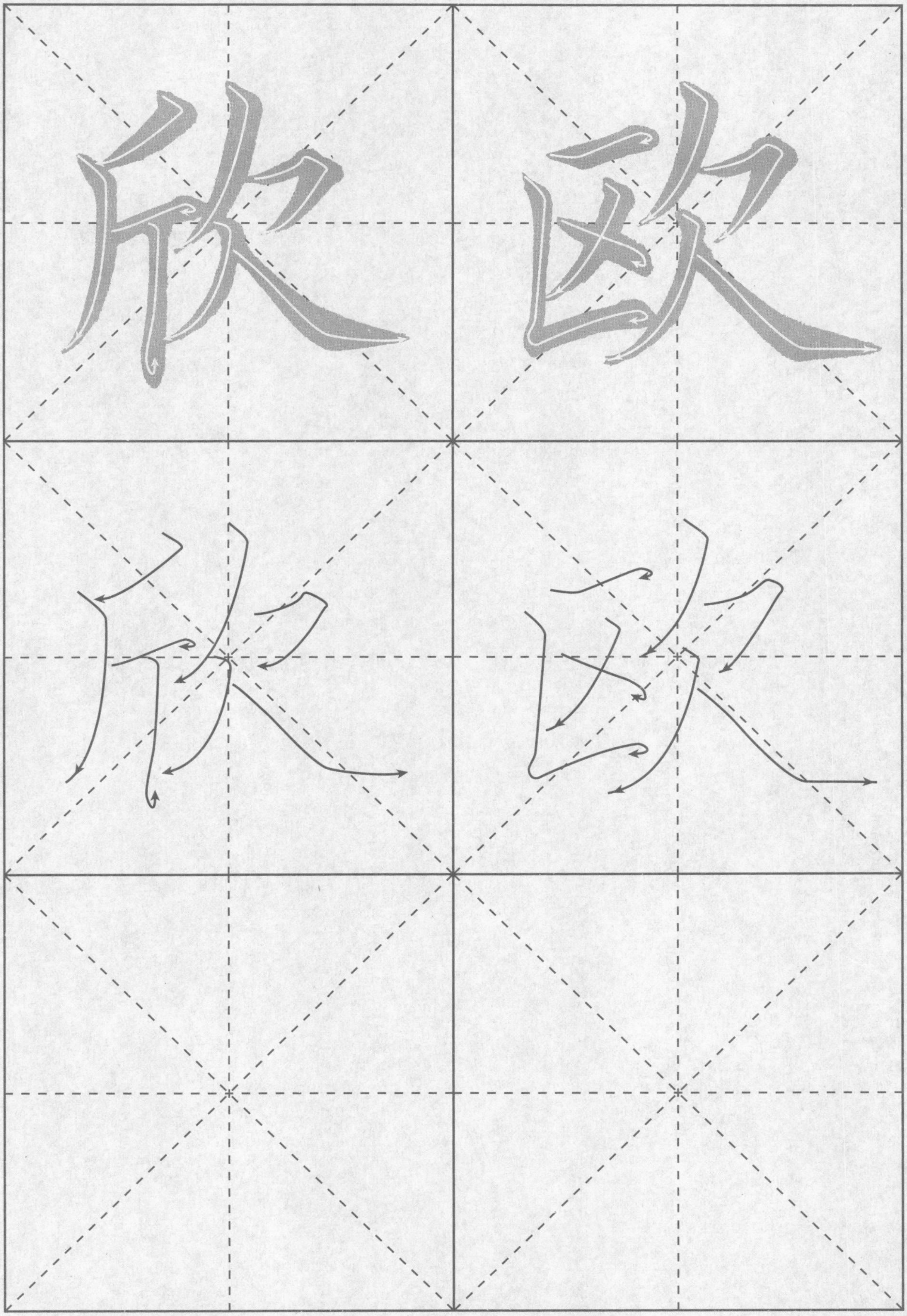

评价：

评语：

段、毅

# 殳

**殳部：** 上下两短横平行，竖弯的底部稍高于首撇的末端。下部的撇稍收，捺宜展。

## 段

## 毅

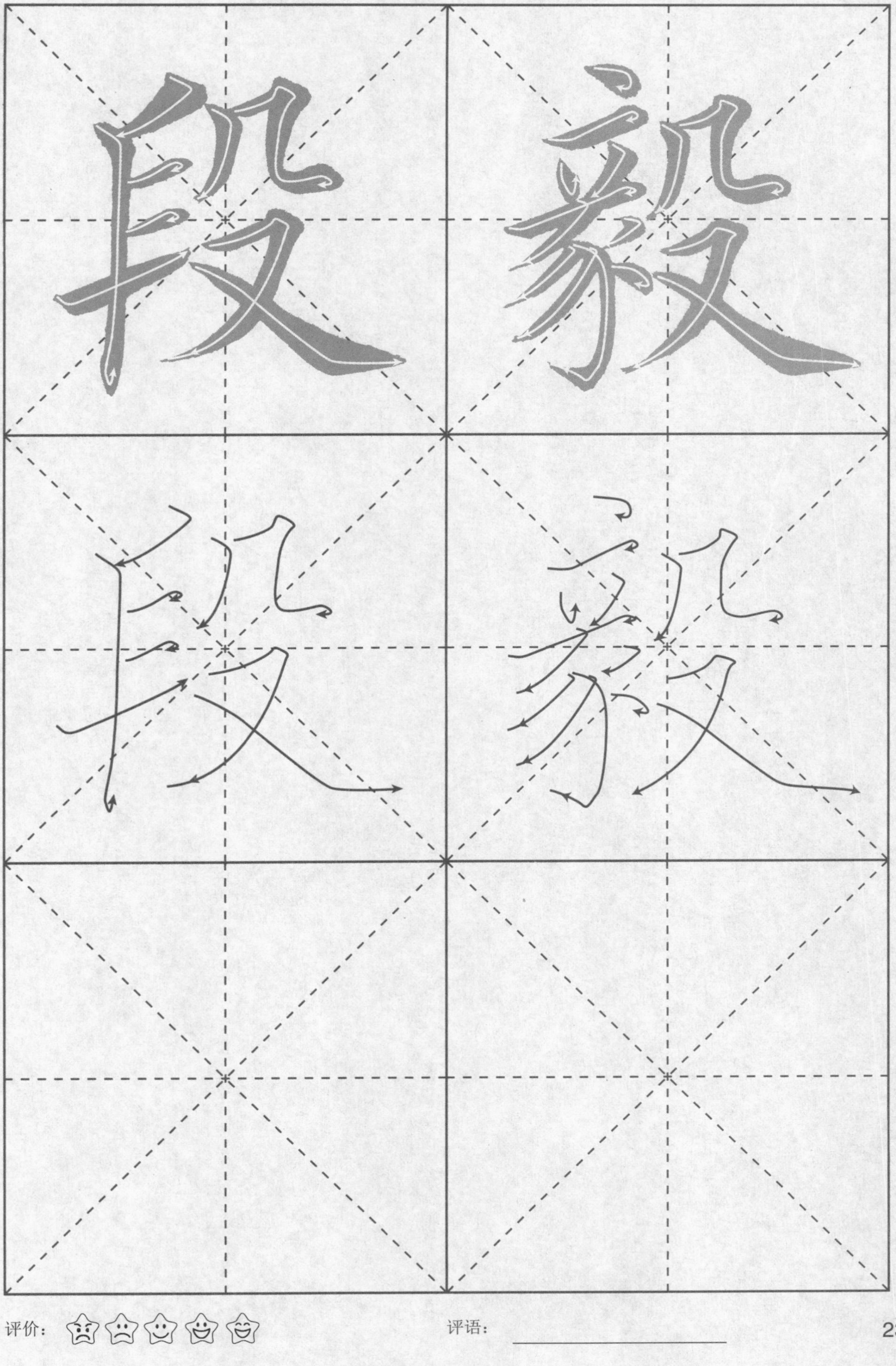

段

毅

戏、战

# 戈

戈部（在右）：横向右上斜。斜钩高起，圆劲有力，钩向上。撇位置宜高。点稳健。

# 戏
# 战

戏 ㇇ 又 又 戏 戏 戏

战 丨 ⺊ ⺊ 占 占 占 战 战 战

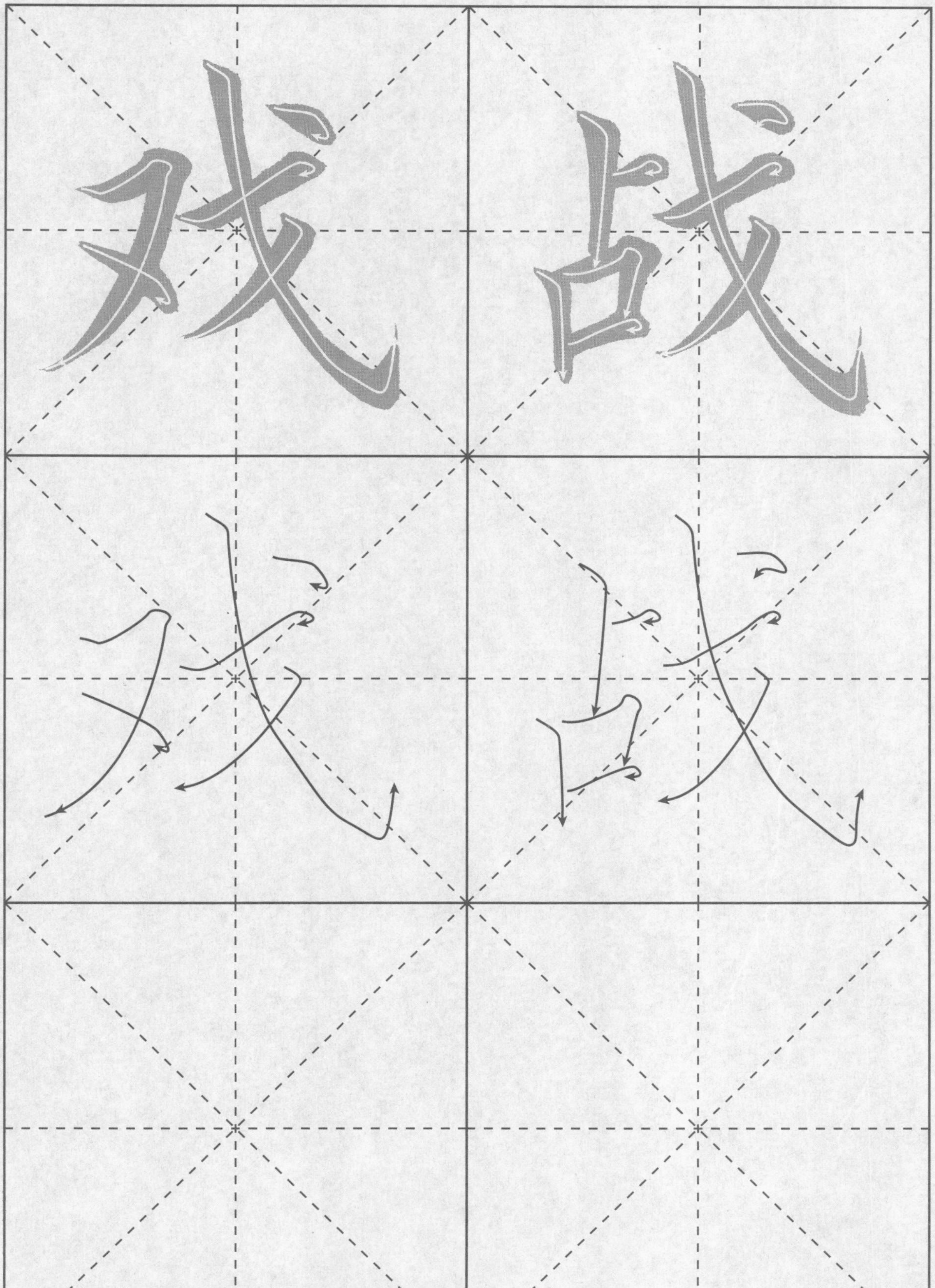


评价：

评语：

星、景

# 日

日部（在上）：整体呈倒梯形。三横平行、等距。

## 星

## 景

星 景

星 景

评价：

评语：

罗、罚

# 罒

罒部：整体呈倒梯形。两横平行，四竖间距大致相等。

罗

罚

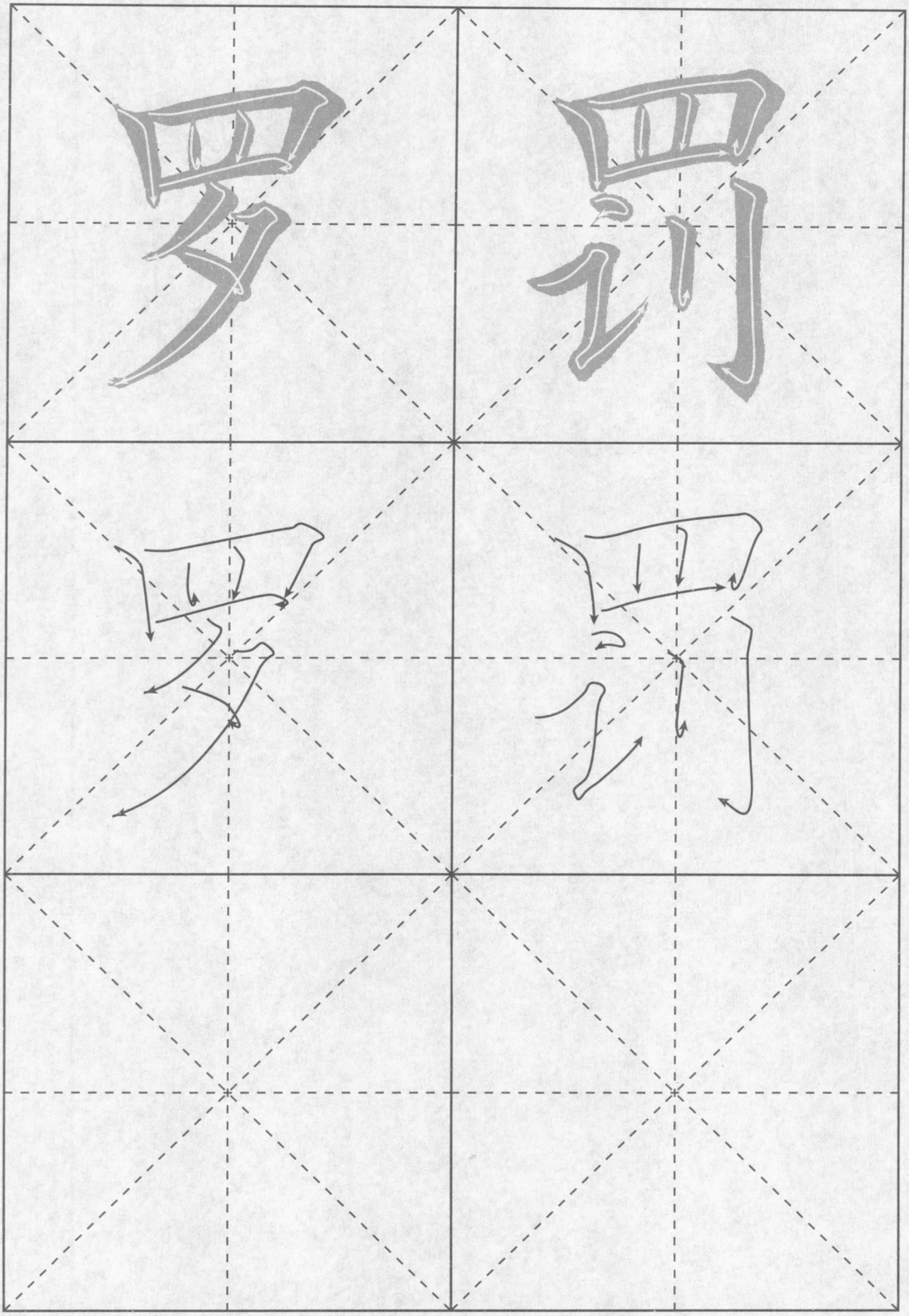


评价：

评语：

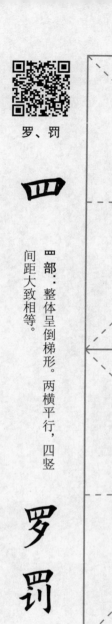

空、穿

# 穴

穴部：首点居中，左点稍直立，横钩伸展，末两笔勿大。

# 空 穿

空 、丶宀宂穴穵空空

穿 、丶宀宂穴穵穵穿穿

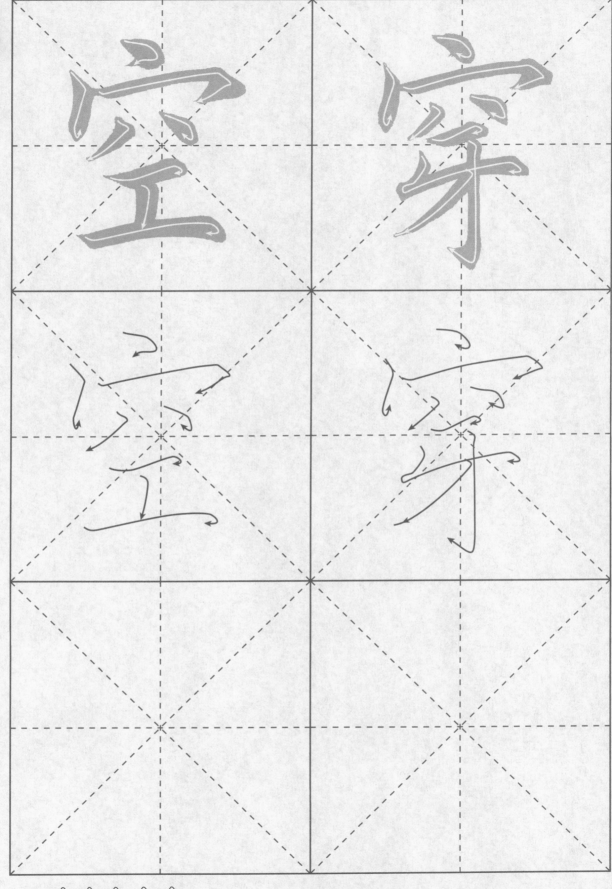

| 空 | 穿 |
|---|---|
| 空 | 穿 |

评价：

评语：

笑、答

⺮

竹部：两个部件大小基本一致，右部较左部稍高一些。短横在撇的中下部位置起笔。

笑

答

笑

答

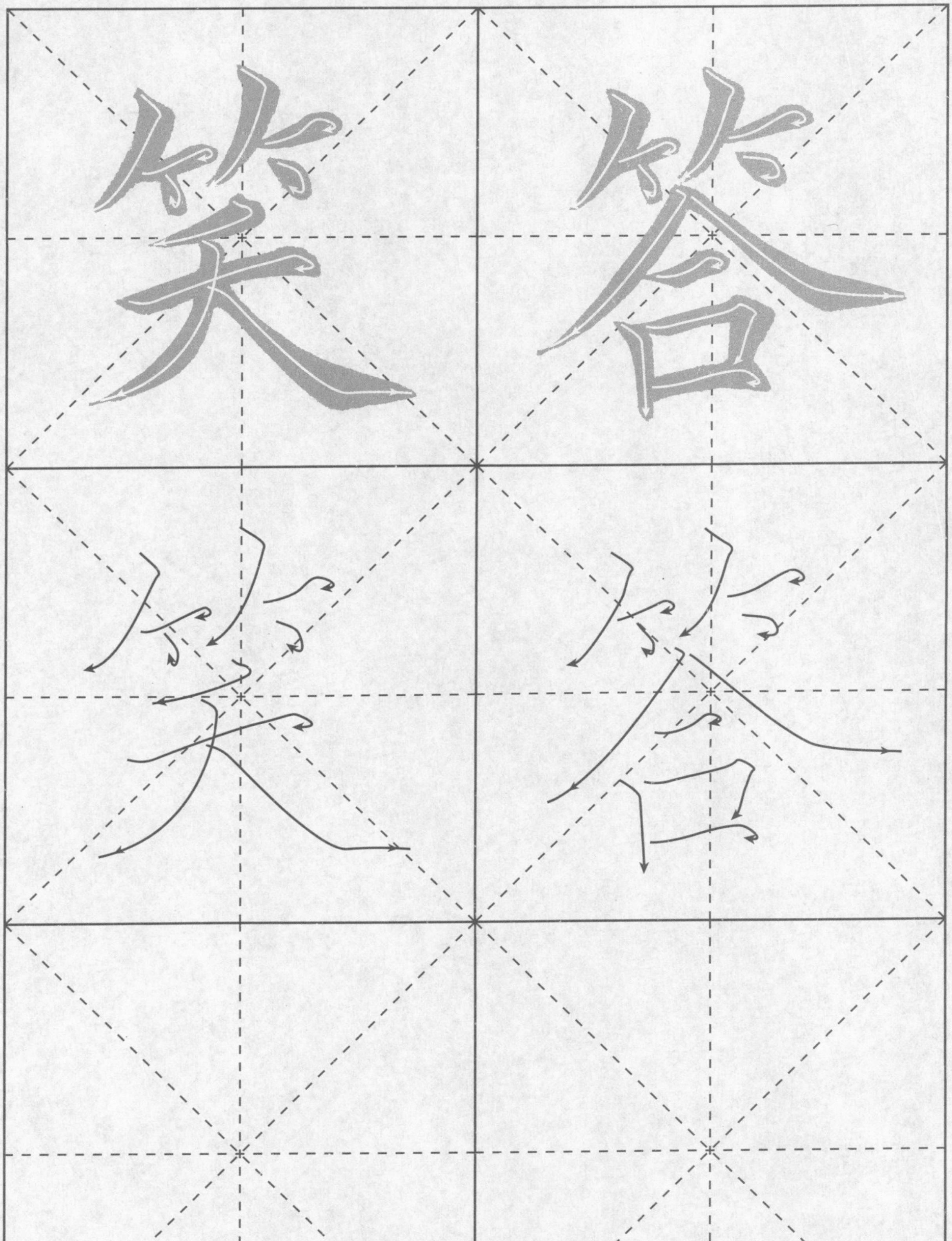

评价：

评语：

雷、露

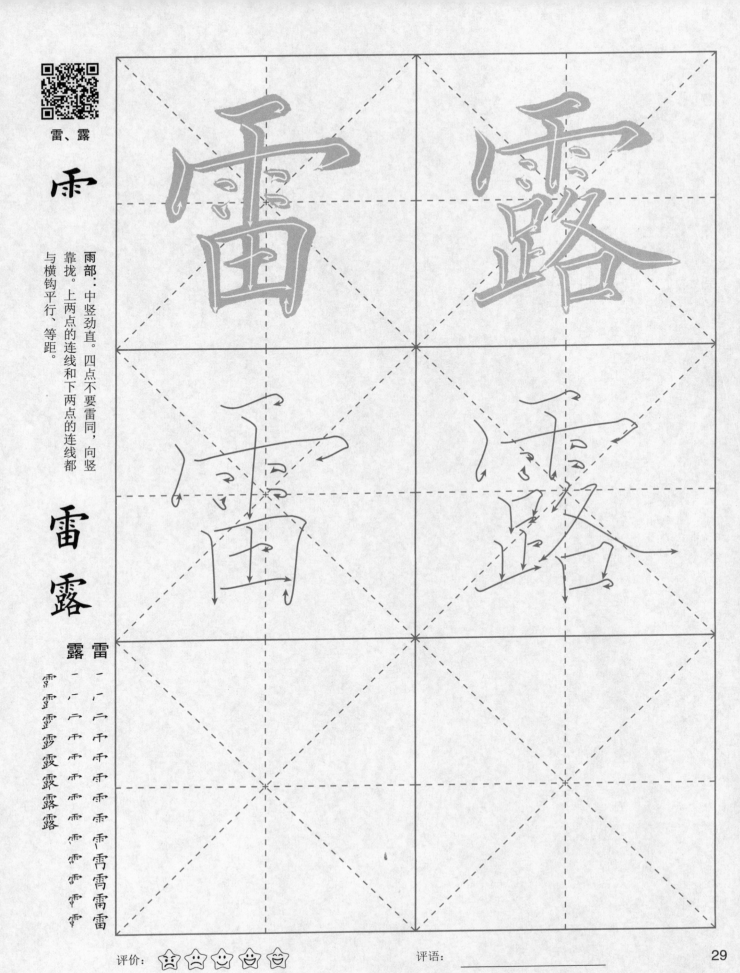

# ⻗

雨部：中竖劲直。四点不要雷同，向竖靠拢。上两点的连线和下两点的连线都与横钩平行、等距。

## 雷

## 露

雷

露

| | |
|---|---|
| 雷 | 露 |
| 雷 | 露 |
| | |

评价：

评语：

杰、点

灬

灬部：一个左点，三个右点，四点等距，其中中部两点稍小。

杰

点

杰 一 十 才 木 杰

点 丨 卜 占 点

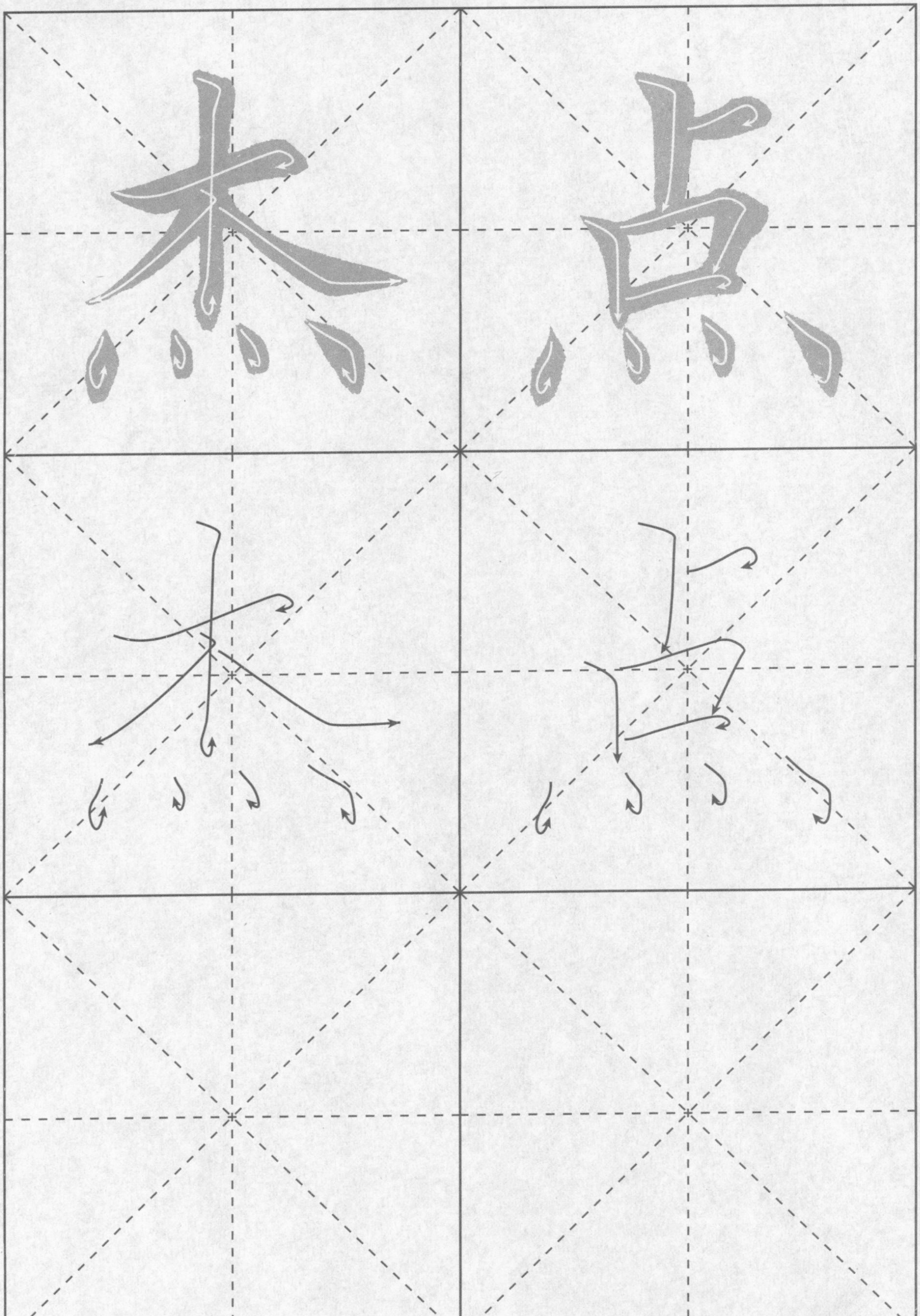

评价：

评语：

思、想

# 心

心部：卧钩底部与左点底部齐平，三点大致呈一条直线，向右上斜。

## 思

## 想

思 丨 冂 日 田 田 田 思 思 思

想 一 十 才 木 朩 相 相 相 相 想 想 想

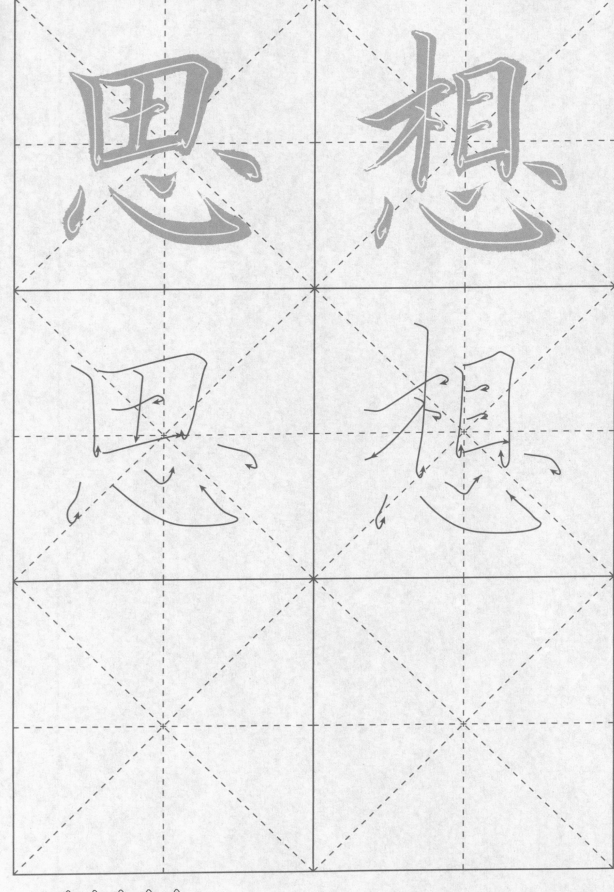

思 想

思 想

评价：

评语：

拳、掌

# 手

手部：形稍扁，上紧下松。短撇宜平，两横一短一长，弯钩坚定有力。

## 拳

## 掌

拳 掌

拳 掌

评价：

评语：

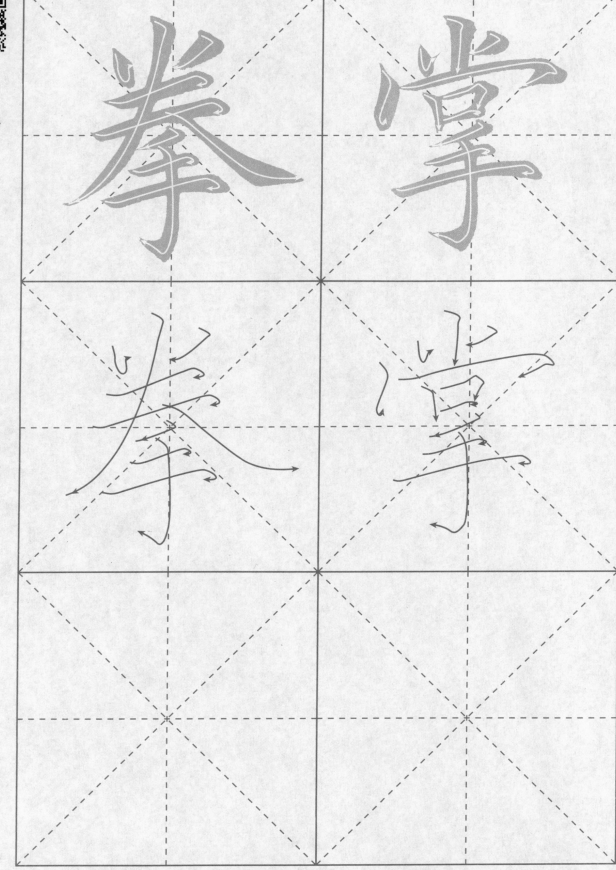

票、禁

# 示

示部：左右相称。两横平行，竖钩劲直，两点间距稍大一些。

## 票

## 禁

票 一 丆 丙 襾 西 覀 覀 覀 覀 票 票

禁 一 十 才 木 木 村 材 林 林 埜 梺 禁 禁

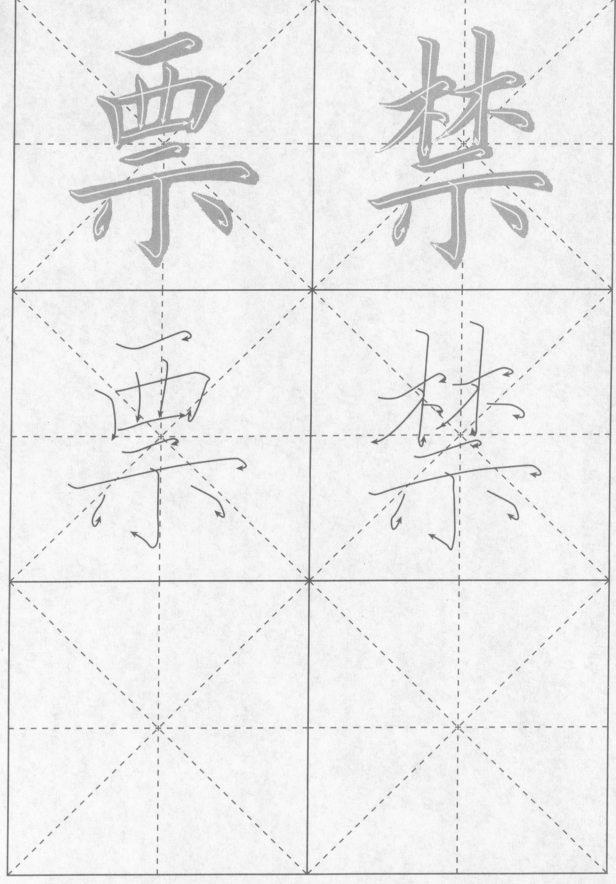

票 禁

票 禁

评价：

评语：

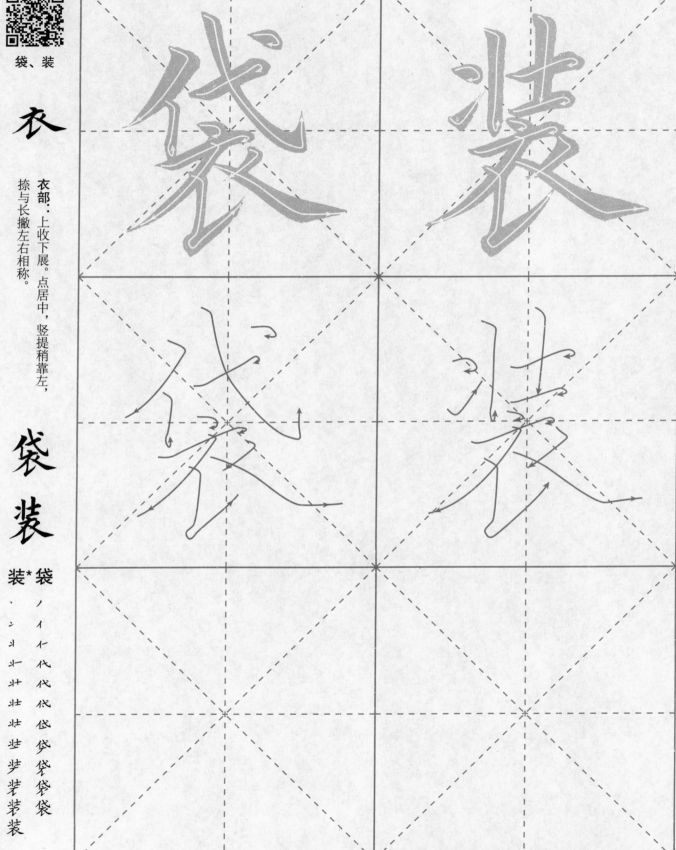

袋、装

# 衣

衣部：上收下展。点居中，竖提稍靠左，捺与长撇左右相称。

袋

装

袋

装*

*视频中为传统书法笔顺。

| | |
|---|---|
| 袋 | 装 |
| 袋 | 装 |

评价：

评语：

过、迁

辶

辶部：首点稍靠右，横向右上斜，弯部圆转流畅，平捺一波三折。注意平捺的起笔位置不超过横的起笔位置。

过

迁

过 一 十 寸 寸 讨 过

迁 丿 二 千 千 讦 迁

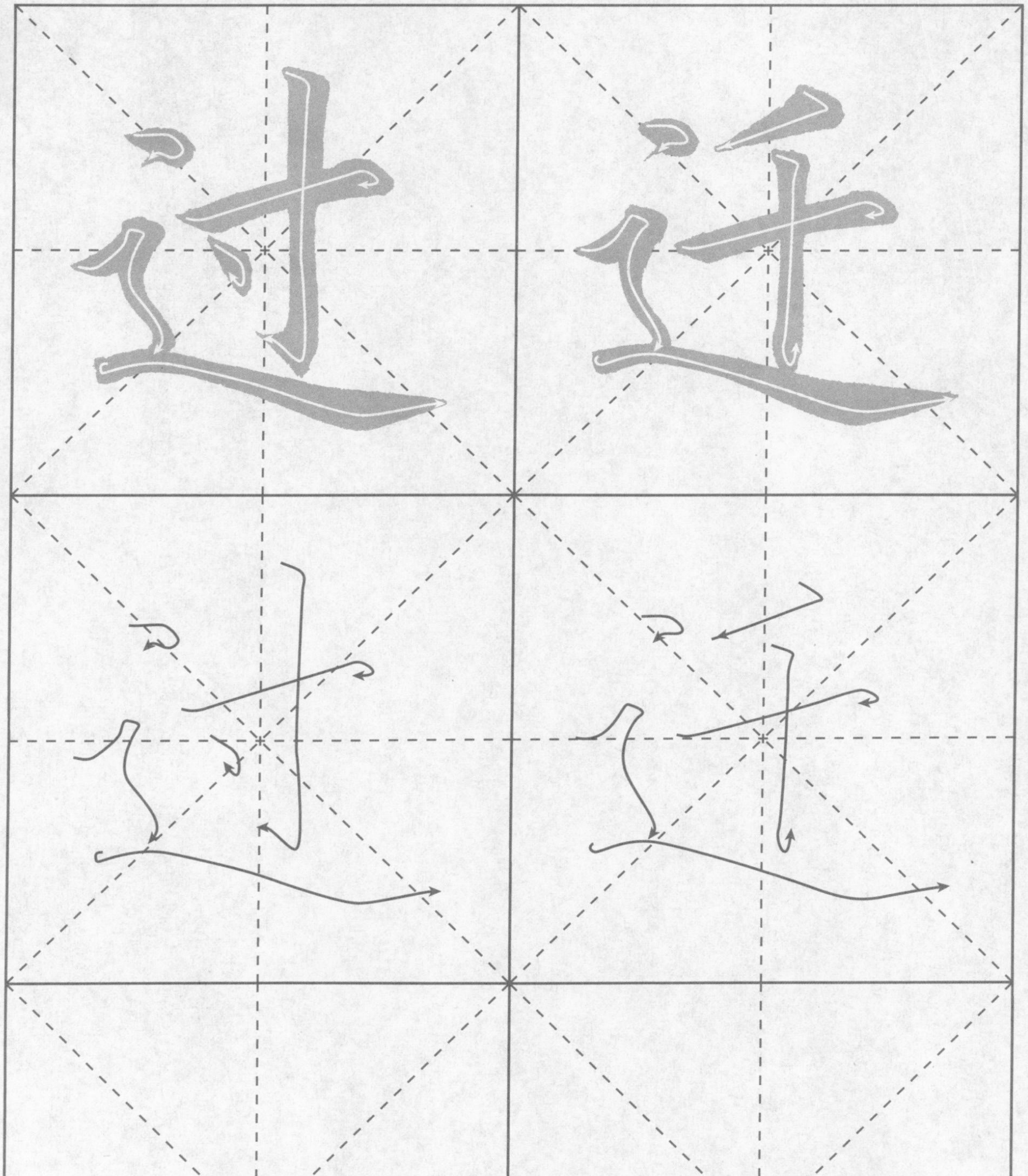

评价：

评语：

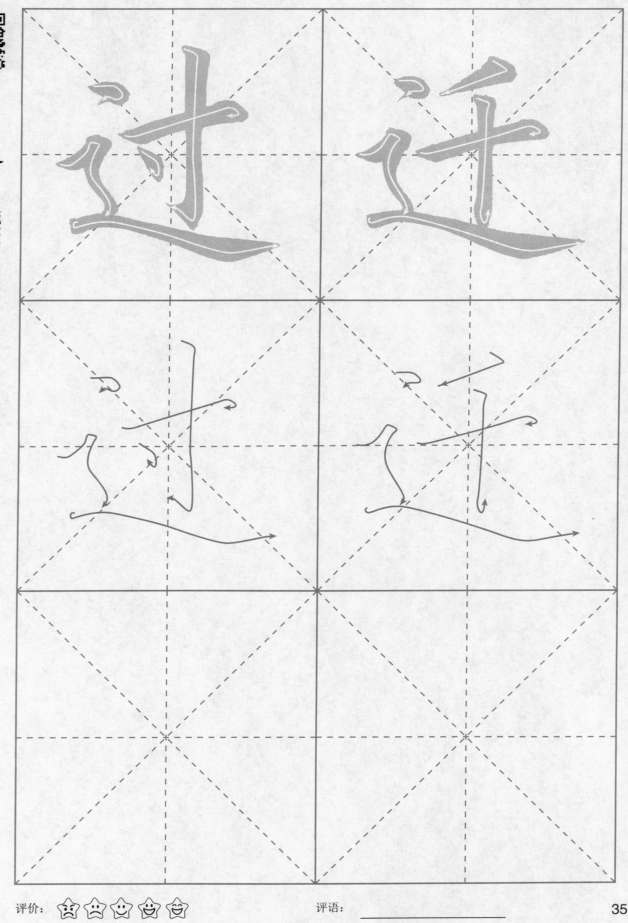

届、居

# 尸

尸部：框形勿高，两横平行，撇画伸展。

届

居

届 居

ㄱ ㄱ

コ コ

尸 尸

尸 尸

屆 屄

屆 居

屆 居

届 居

届

居

届

居

评价：

评语：

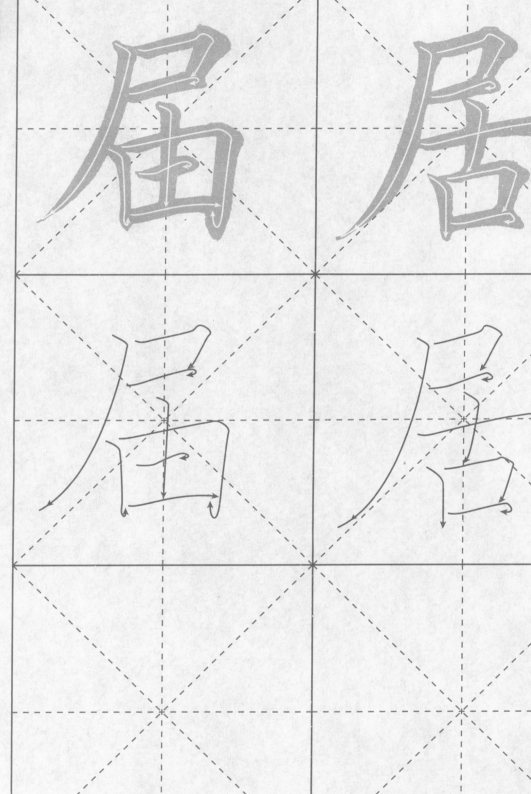

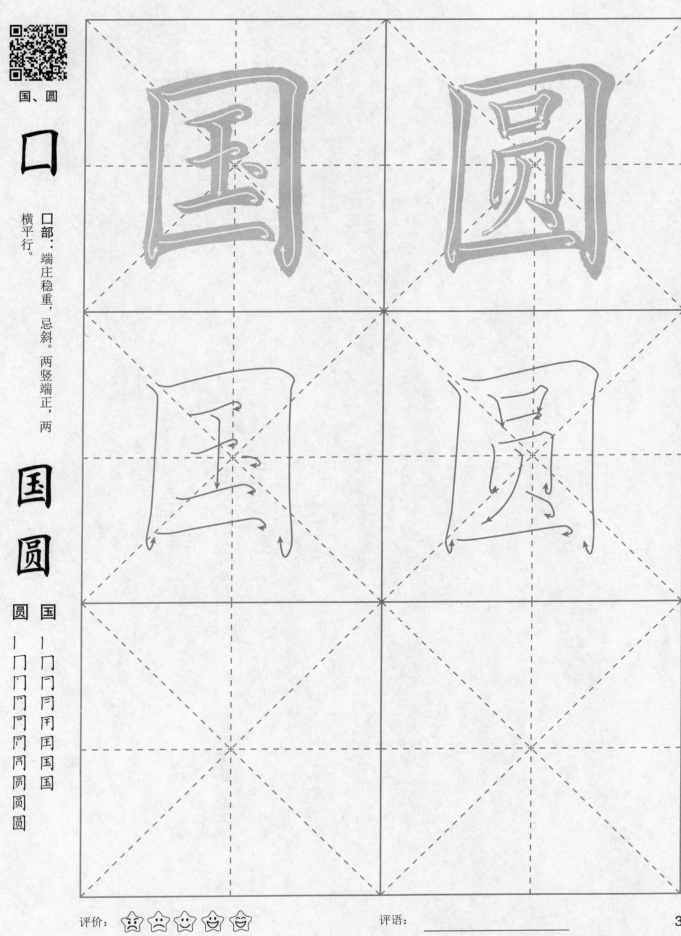

国、圆

# 口

口部：端庄稳重，忌斜。两竖端正，两横平行。

国

圆

国 丨冂冂冃冃囯国国

圆 丨冂冂冂冃冃冃冃圆圆

国 圆

国 圆

评价：

评语：

贱、砂

左正右斜：左正者，端庄稳健，右斜者，倾斜生姿。左右倚侧相依。

贱

砂

贱 砂

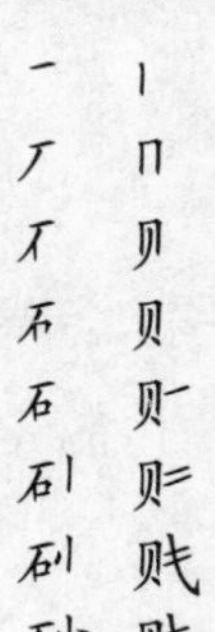

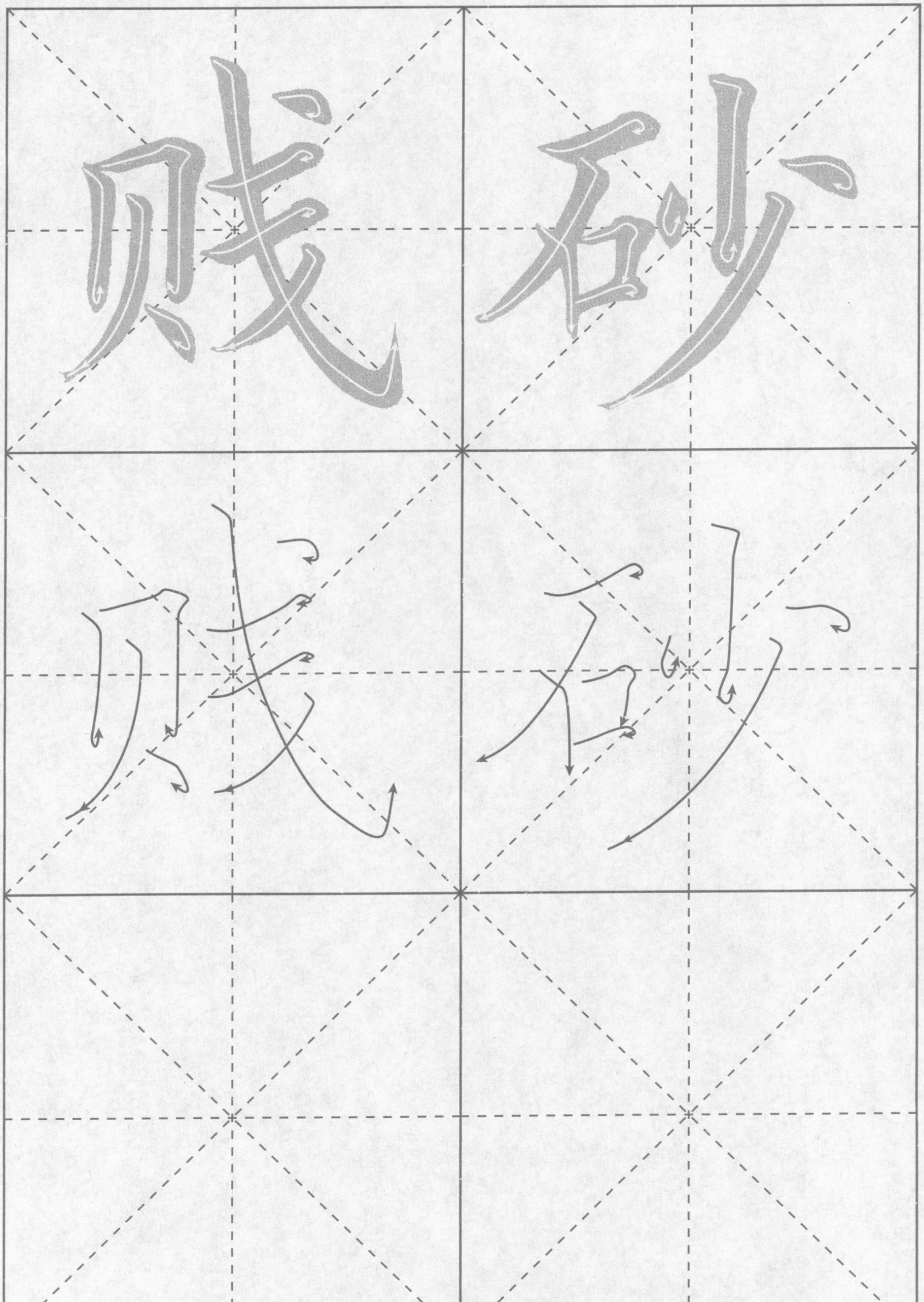

评价：

评语：

歼、须

**左斜右正：**左斜者，以右靠为辅；右正者，以直立为主。

# 歼 须

歼 一 丆 歹 歹 歼 歼

须 丿 彡 彡 须 须 须 须 须 须

评价：

评语：

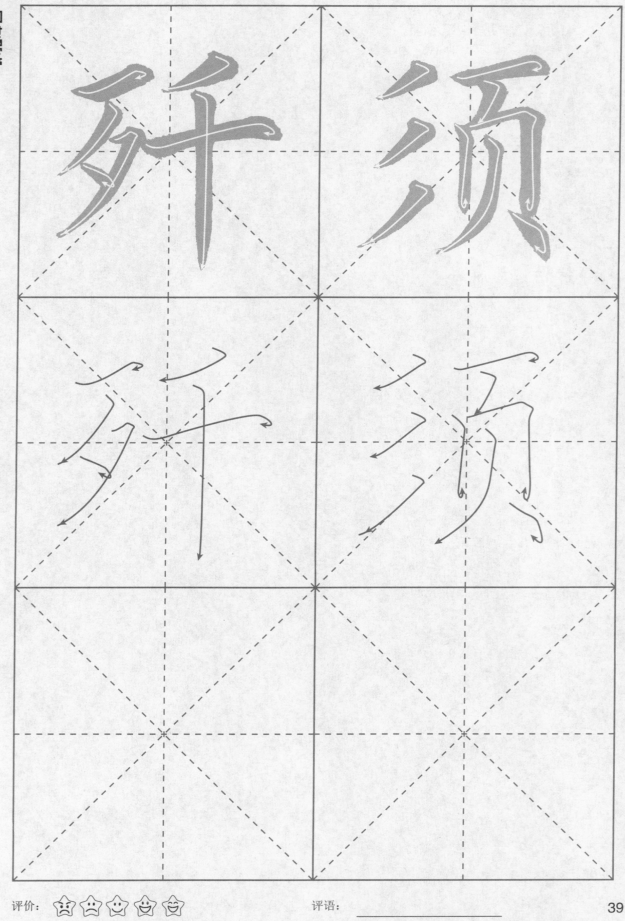

秀、梦

上正下斜：上正者，其竖笔劲直；下斜者，其斜笔劲健。

# 秀梦

秀* 一 二 千 禾 禾 秀 秀

梦 一 十 才 木 朩 村 材 林 林 梦 梦

*视频中为传统书法笔顺。

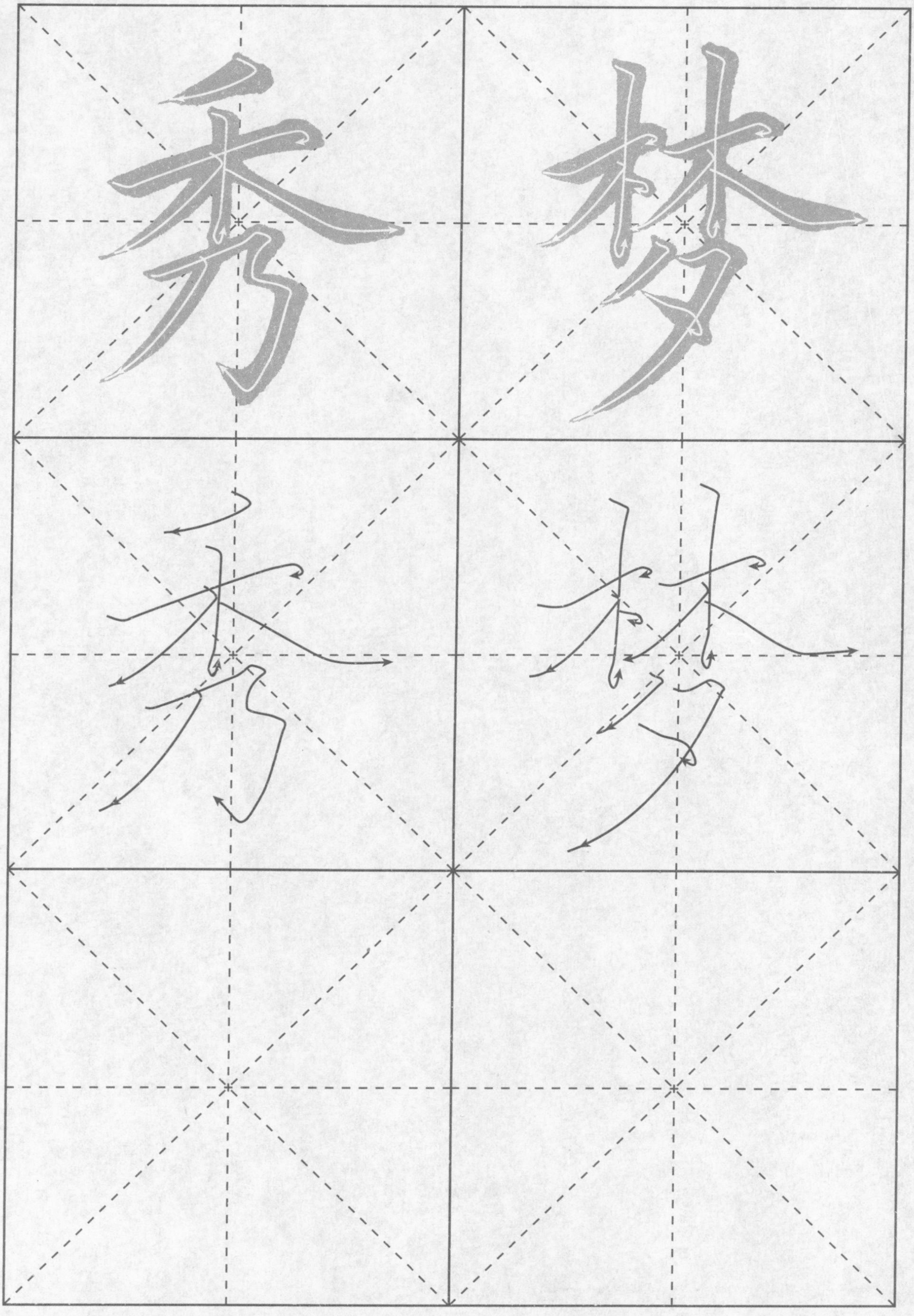


评价：

评语：

炙、盏

上斜下正：上斜者求其妍势，下正者取其端庄。

炙

盏

炙 丿 ク 夕 ……炙

盏 一 二 ……盏

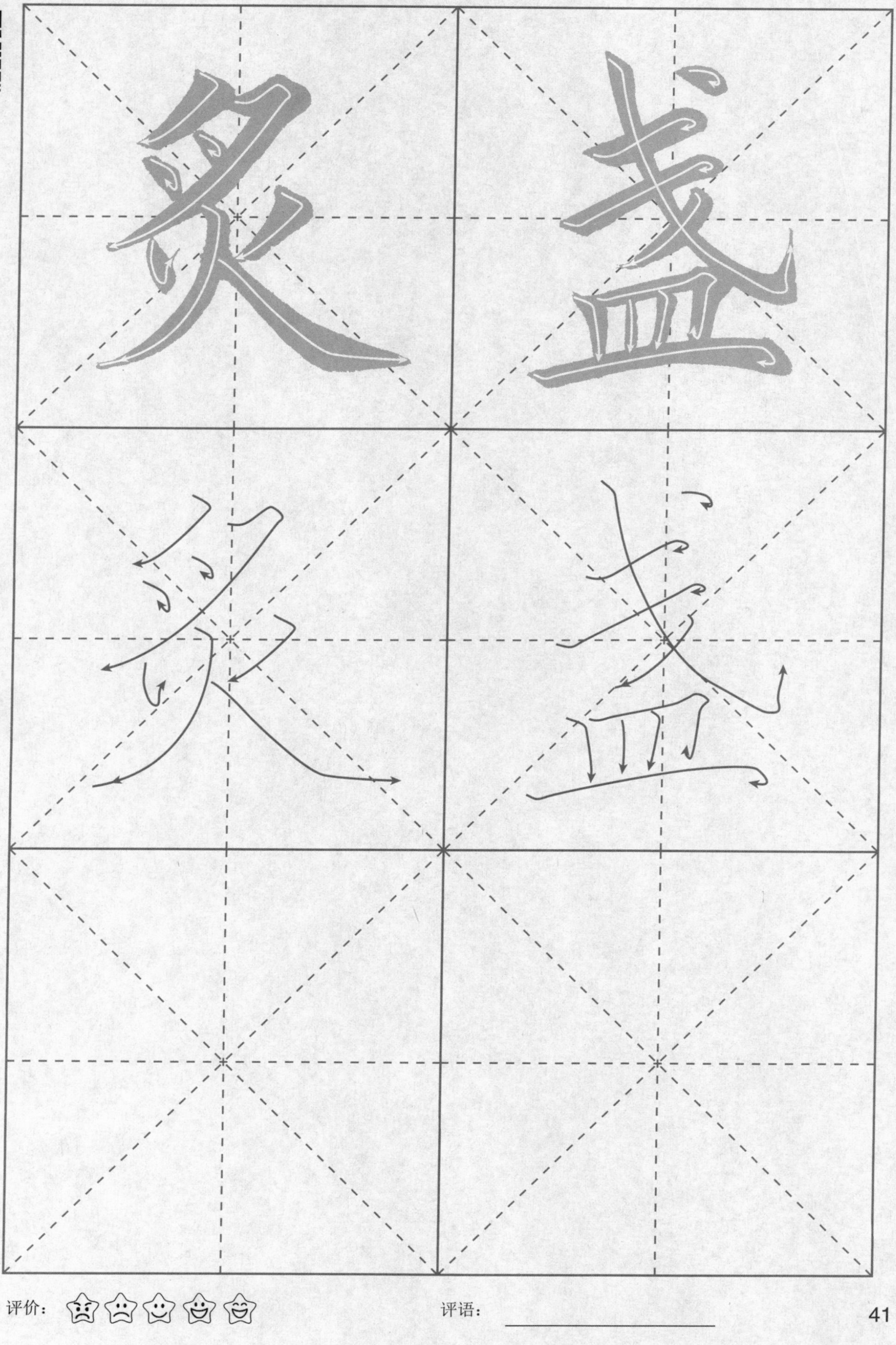

评价：

评语：

叉
益

寺、事

诸横收放：多横的字，要收放有致。

## 寺

## 事

寺 一 十 土 圭 寺 寺

事 一 丆 丆 百 亘 亘 写 事

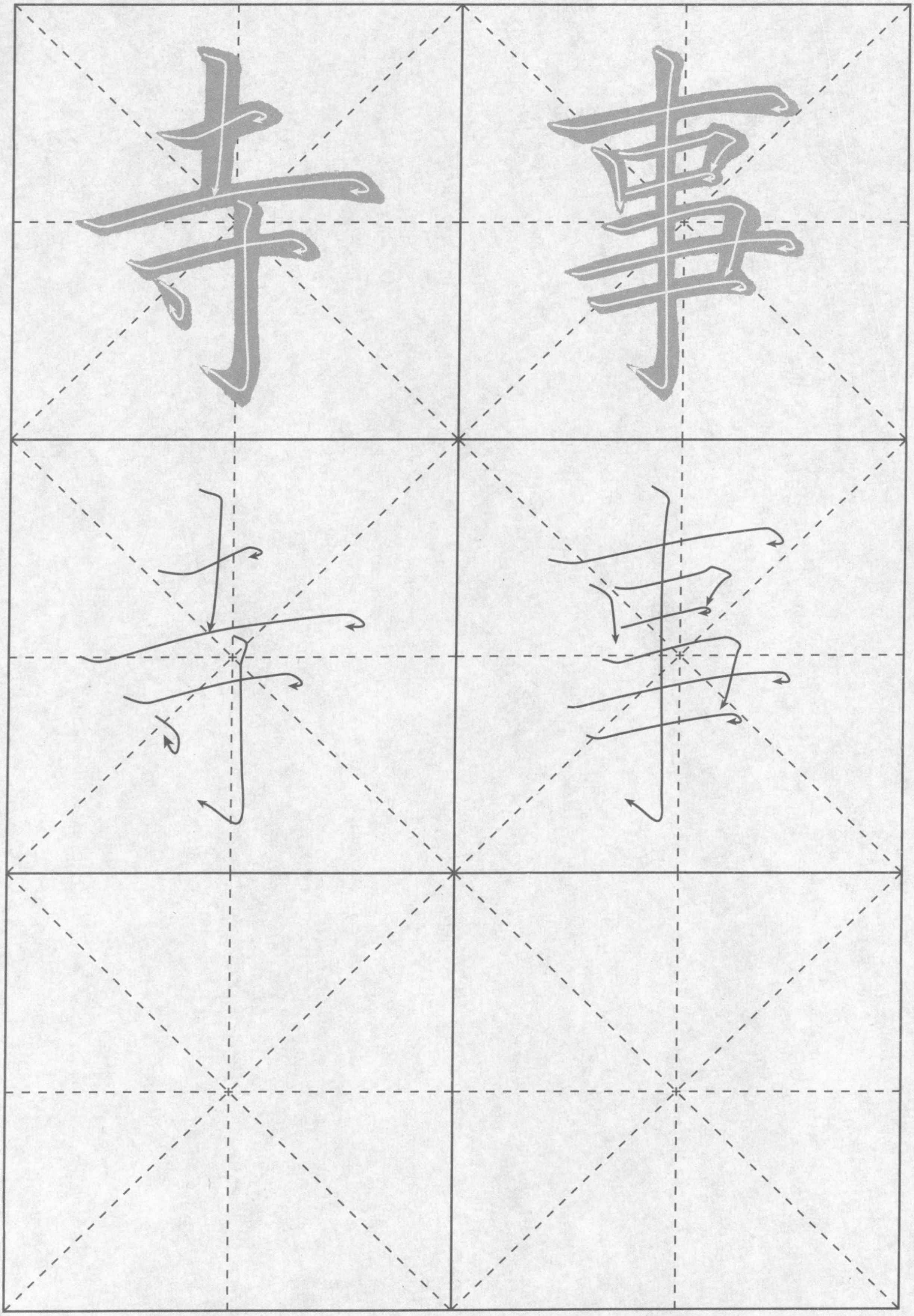

评价：

评语：

参、彬

诸撇参差：多撇的字，要收放有致，撇的指向应稍有区别。

参

彬

参 厶 厶 厶 𠂉 矣 叅 参 参

彬 一 十 才 木 木 村 材 林 林 彬 彬

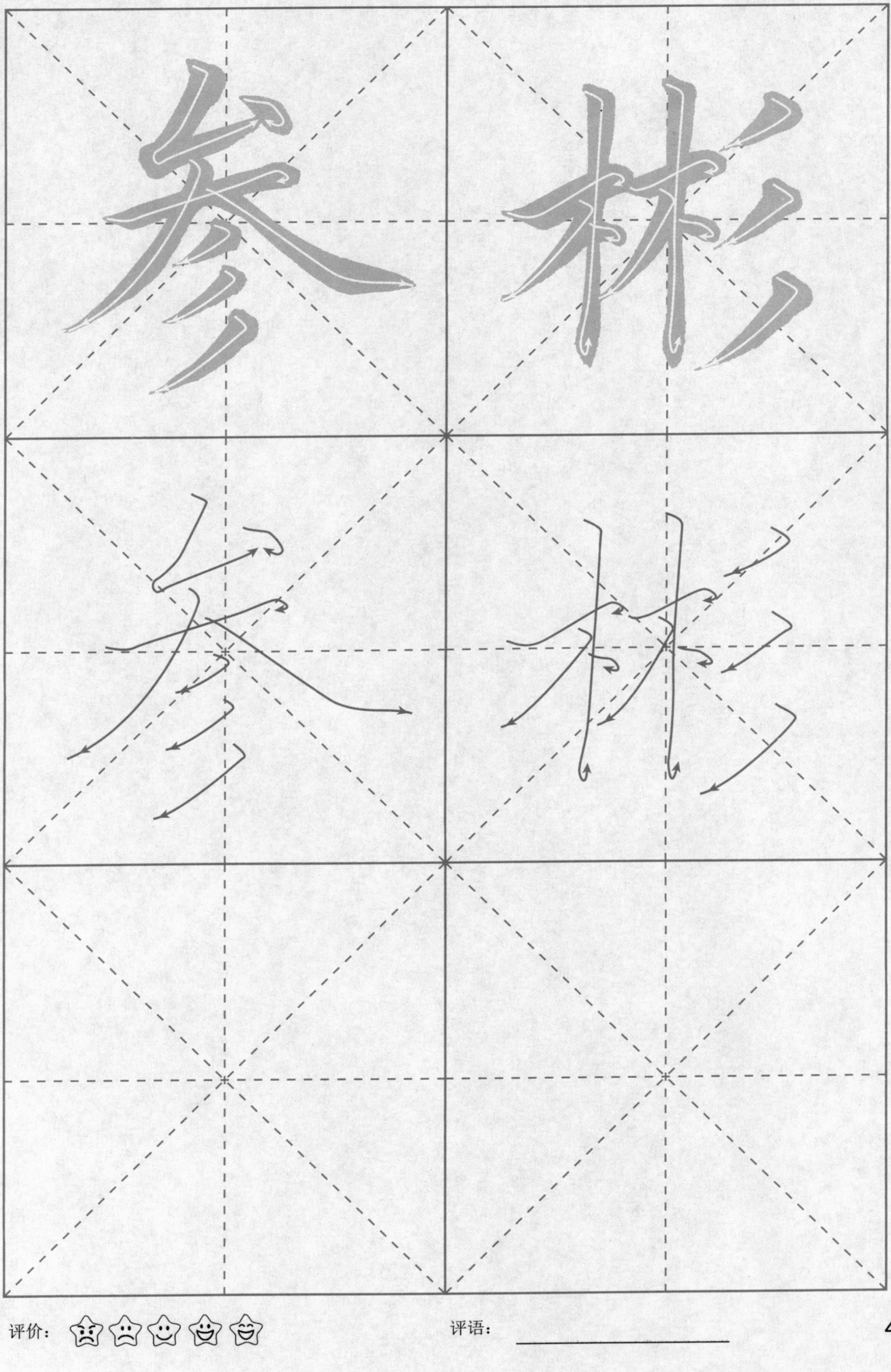


评价：

评语：

政、紧

**中宫收紧**：字中部的笔画要布置匀密，求其稳健；四周的笔画要向外开张，扬其精神。

# 政

# 紧

政：一 丅 下 正 正 正 政 政 政

紧：丨 〢 収 収 収 坚 坚 紧 紧 紧

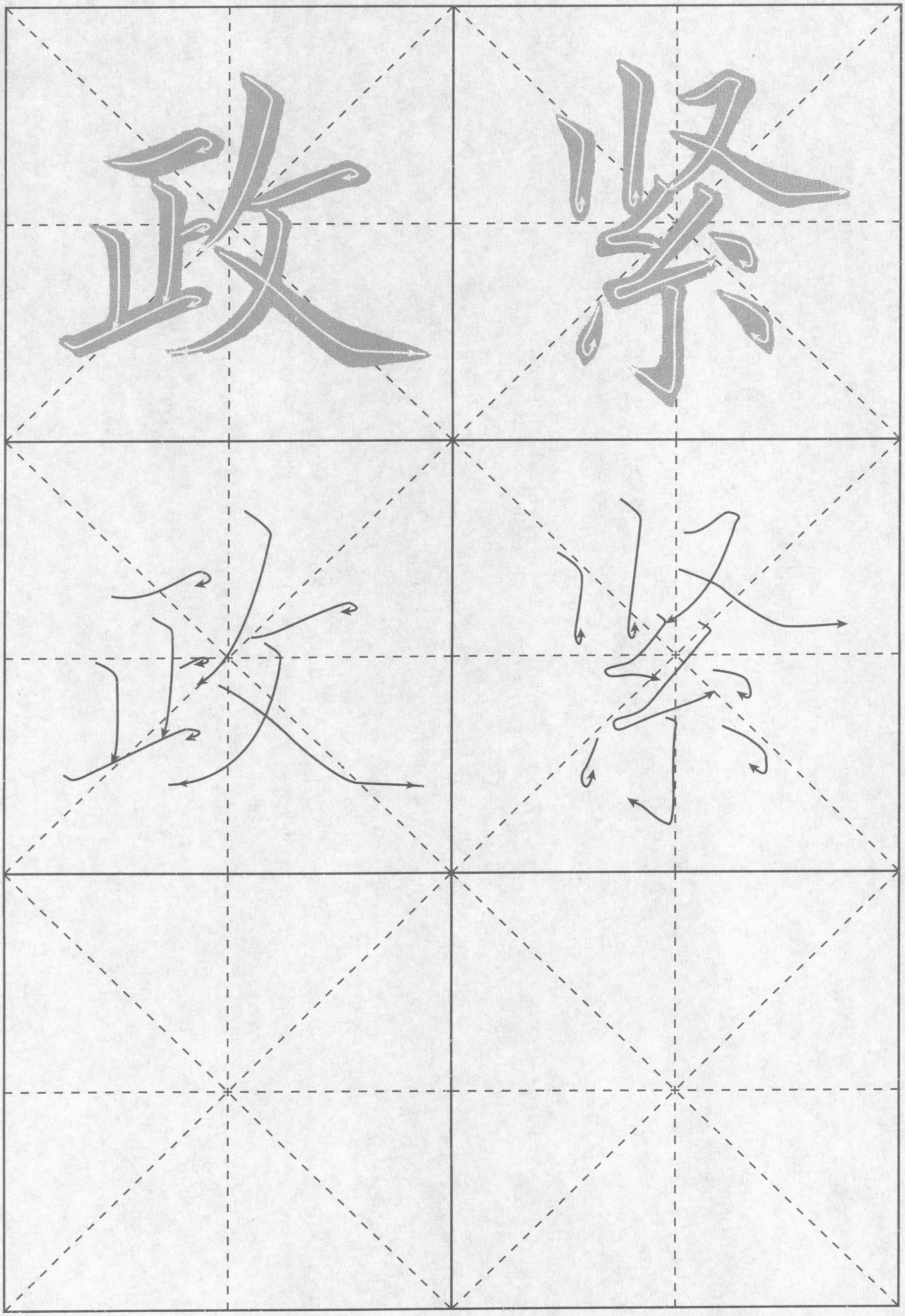

评价：

评语：________________

为人子

# 为
# 人
# 子

为 、 ソ 力 为

人 丿 人

子 乛 了 子

为

人

子

评价：

评语：

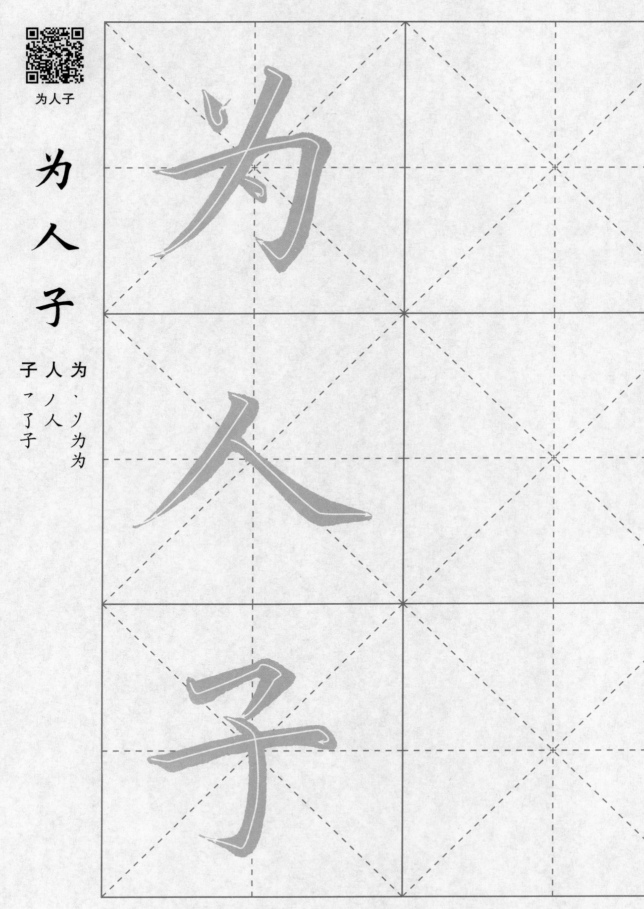

方少时

# 方
# 少
# 时

方 、 亠 亡 方

少 丨 ⺊ 小 少

时 丨 冂 日 日 日一 时 时

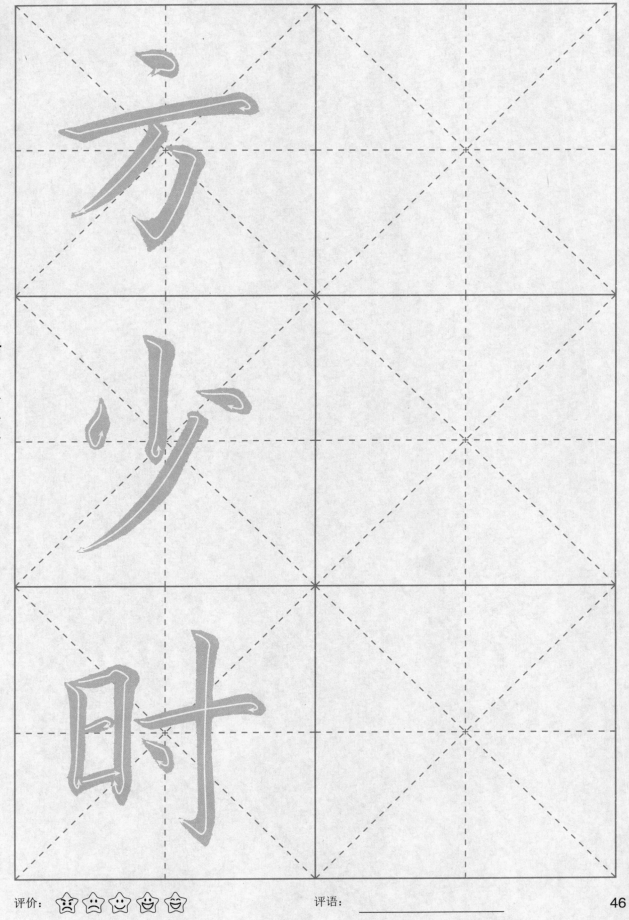

方

少

时

评价：

评语：

亲师友

# 亲 师 友

亲 丶 亠 亣 亣 立 立 辛 亲

师 丨 リ リ丆 师 师 师

友 一 ナ 方 友

亲

师

友

评价：

评语：

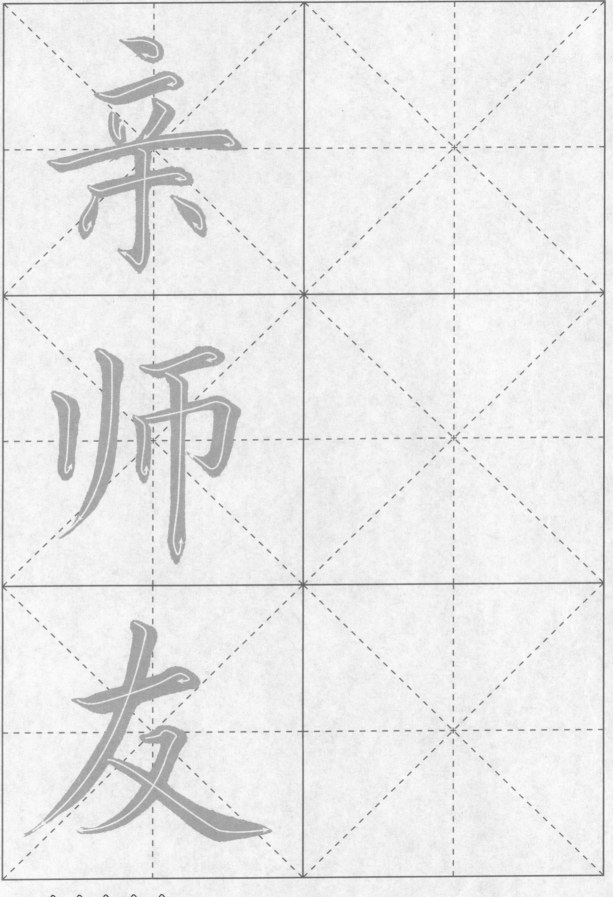

习礼仪

# 习
# 礼
# 仪

习 ㇆ ㇆ 习

礼 丶 ㇇ 礻 礻 礼

仪 丿 亻 亻 亻 仪

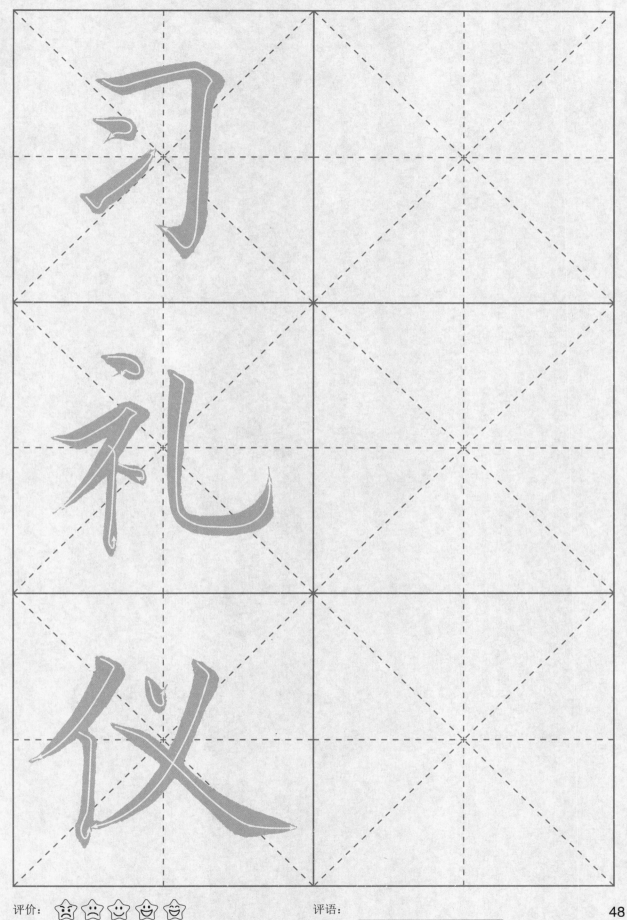

习

礼

仪

评价：

评语：